Michael Liebusch

Eiscafé Cortina - immer prima

Erzählungen

vom Innenleben eines Cafés
in Frankfurt am Main-Bockenheim
von 1980 bis 2009

Kunstraum Liebusch

Bibliografische Information der Deutschen Bibliothek:
Die Deutsche Bibliothek verzeichnet diese Publikation in
der Deutschen Nationalbibliografie; detaillierte bibliogra-
fische Daten sind im Internet über http://dnb.ddb.de abrufbar.
Alle Rechte vorbehalten.
Copyright © 2023 Michael Liebusch, Frankfurt am Main
www.kunstraum-liebusch.de
Satz und Layout: Michael Liebusch
Lektorat und Mitarbeit: Dank an Brigitte Bee, Roland Greifelt,
Raimund Gerz
Coverbild: Eismann: © Men Rabe
Herstellung und Verlag: BoD - Books on Demand,
Norderstedt
ISBN: 9783757830366

Inhaltsverzeichnis

Inhaltsverzeichnis

Kaffeehaus

Neben dem wohlschmeckenden Cappuccino verkauft das Eiscafé Cortina im Sommer zum Pläsier der Gäste Eis. Im Winter ist es in seinen Räumlichkeiten kalt, da es an einer funktionierenden Heizung mangelt. Die Stammgäste ertragen stoisch allerlei Unvollkommenheiten und versuchen sie mit menschlicher Wärme auszugleichen.

Sie verbringen hier wertvolle Lebenszeit. Wäre sie außerhalb der Kaffeestätte sinnvoller angelegt? Manch einer draußen meint, die hocken nur rum, machen nix, was stimmt, aber auch wieder nicht. Sie tun aktiv nichts Unrechtes, sie zerstören zum Beispiel nicht die Umwelt. Sie denken lange nach. Beim Cappuccino mit Gleich- und Andersgesinnten debattieren sie, was möglich ist und sinnvoll zu tun wäre, im Bereich des Könnens und Dürfens liegt.

Launiges Wirken ist nach ihrer Art. Am liebsten betreiben sie das Handwerk der Komik und der Übertreibung in der Rede, der Fabuliererei oder des Pamphlets. Sie lauern auf den Moment, aus Ernstem einen Ulk zu fabrizieren. Oder ein Problem zu erfinden. Manch einer betreibt die Kunst des intellektuellen Sarkasmus. Gerade von Künstlerseite werden utopische Welten und Pläne entworfen, die zum Glück der Menschheit erspart bleiben.

Regelmäßige Venedig-Fahrer träumen vom Canale Grande, von einer romantischen Reise ins geliebte Eiscafé mit der Gondel. Sie hoffen auf die allgemeine Verlangsamung der Vorgänge in der Welt, sodass ihre bessere Anschauung möglich wird.

Im Eiscafé Cortina wirkt die Welt im Kleinen, sie ist zu einem Raum zusammengeschmolzen und überschaubar. So lässt sich mit ihr besser umgehen. Vieles bildet sich hier vom großen Ganzen ab. Wozu also noch das Draußen erobern? Bei einem Cappuccino wird man zum Weltreisenden.

Aus fernen Ländern kommen sie über die Leipziger Straße. Sie sind auf der Messe oder haben hier studiert und besuchen das Eiscafé, um einen einzigartigen Moment wieder zu finden. Vielleicht ist das Eiscafé gerade leer von Gästen, aber sie setzen sich zur Leere. Und schon geht es los. Irgendwas passiert. Der Mensch trifft ein, der genau vor zwei Jahren beim unvergesslichen abendlichen Campari ein schönes Gespräch anzettelte.

Ob beim Streichen der Wände ein höherer Gedanke des Betreibers am Werk war? In den siebziger Jahren waren sie eher kühl und hell, wirkten klinisch sauber. Dann kleidete eine Korktapete die Wände, die Wärme und Sicherheit, aber auch Weinseligkeit vermittelte und etwas dunkel wirkte. Über Nacht in den Neunzigern überraschte das venezianische Rosa, dazu hölzerne, altbackene Stühle mit hohen Lehnen.

Wie überhaupt im Leben stellt der Kaffeehausbesucher die Sinnfrage. Ist mit der Wahl der Tapete etwas gemeint oder gewollt, steckt eine Idee hinter allem oder ist es sogar ein Affront gegenüber den Dauersitzern? Sie mögen, dass alles so bleibt, obgleich sich die Welt weiter dreht. Sie klagen gegenüber dem Betreiber des Cafés das Gewohnte ein. Dabei haben sie kein Recht auf Dauer.

Es ist ja nur ein befremdendes Rosa, was schnell vergessen ist, bald vom Tabakgenuss fleißiger Raucher eingetrübt wird und letztlich aussieht wie der bewährte Kork. Die Zeit macht alles gleich. Und bald ist der Ärger vergessen.

Die Kaffeehausbrüder und –schwestern üben miteinander das Vergessen. Der Verlust eines Partners, eines Schlüsselbundes oder gar eines lang schmerzenden Zahns zum Beispiel. Das Gebiss eines Kaffeetrinkers rückt in den Mittelpunkt einer achtköpfigen Schar, die den bösen Zahn aufs Schärfste verurteilt, ihn auf seine Minderwertigkeit reduziert, um dann über Zähne an sich und Zahnärzte zu debattieren und das Essen überhaupt und über Speisen in anderen Ländern und über Fische in der Hochsee und das Wetter. Der Zahn wird immer bedeutungsloser und nun ist auch der Verlust aus dem Gebiss des Kaffeehausbesuchers und der Schmerz obsolet. Die Obdachlosigkeit des Zahns ist Thema. Und, oh Wunder, der geplagte Gast isst wieder! Er grinst, ihm läuft der Sabber, er lacht, riskiert sogar eine dicke Lippe und spaßt.

So ist es im Eiscafé, wo es nach gemahlenem Kaffee und verbranntem Toast riecht, die Kaffeemühle einem das Hörvermögen raubt. Wo das Reparieren von Mobiliar, Maschinen und Anlagen vom Betreiber peu à peu selbst durchgeführt wird. Und die Defekte immer eine Nasenlänge voraus sind.

Der Gast fragt sich immerfort, warum er eigentlich hier ist und er überhaupt im Weltenlauf da ist. Oft wird es philosophisch.

Jedes zarte Pflänzlein und jeder brüllende Löwe kehrt hier ein, um ein paar Momente er selbst zu sein und von anderen bestätigt zu werden, den Applaus des Tages einzufahren. Hier beginnt er den Morgen und sucht nach einem Fahrplan durch das Gewirr seiner Vorhaben, die er zu erledigen hat.

Er könnte auch mal was anderes probieren und über seinen Schatten springen, behaupten, anders zu sein. Zum Beispiel, er sei von allen Sinnen. Oder er beginnt mit einer Unverschämtheit, einer Lüge. Und schon wird er als so ein Unverschämter belobigt oder beschimpft.

Die Runde am Morgen kommt über die Zeit nicht voneinander los. Der Moment der schmerzlichen Trennung wird durch eine fix ersonnene Anekdote aufgeschoben und der schelmische Kellner gießt noch Öl ins Feuer, dass alles da draußen keinen Sinn habe, weil er selbst nur immer drin sei. Nur der Kaffee zähle. Die lose Gruppe aus Stammgästen ist mit einer gesunden Mischung aus Ratlosigkeit und Selbstgewissheit ausgestattet, um durch das Dickicht der Welt zu gehen. Erleichternd wirkt nach Verlassen des Cafés das Versprechen, bald wiederzukehren, um vom Irrealen draußen zu berichten.

Im Eiscafé liest man allerlei Zeitungen, um auf dem Laufenden zu sein. Die Welt ist dem Stammgast nicht fremd. Einer hat zum Beispiel einem Diktator schon die Hand geschüttelt. Hier werden Nachrichten gelesen und Meinungen getauscht, es debattiert der Anarchist mit der Rentnerin, der Maler mit dem Fabrikarbeiter, die Sozialarbeiterin mit der Verkäuferin von der Drogerie. Blitzbesuche von Ladenbesitzern für einen Espresso geschehen, genauso wie ein Vertretergespräch für italienische Moden.

Alles bleibt wunderbar im Vagen und daher im Bereich des Möglichen. Zukunft steht schillernd am Horizont und an den Tischen beginnt man von einem Leben in Italien zu träumen. Man richtet das Haus schon ein. Der Partner in der heimischen Stube darf es nicht erfahren.

Auch an weit entfernten Tischen absichtsvoll Sitzende, in Opposition zu den Schwatzenden, Debattierenden und Dabeisitzenden, gehören dazu. Sie schauen argwöhnisch dem Treiben zu und sind misstrauisch. Ohne ihren Auftritt im Café könnten sie nicht sein. Sie fügen sich als Betrachter in die Szenerie ein und kommen vielleicht Jahre später in die vordere Reihe.

So gesehen begreifen sich alle als große Familie, die jeden mit einschließt, sogar den, der sich ausschließt.

Dabei ist ein Jurist, Arzt, eine Psychologin, ein Architekt, Handwerker, Politiker und eine Apothekerin. Man hilft sich und regelt die Dinge des Alltags. Wie von selbst bildet sich ein kleiner Staat mit seinen Organen. Hier scheint eine Regierung am Werke zu sein, eine Miniatur von der ganz Großen.

Der Stammgast aus der ersten Reihe lästert gern über das gemeine Volk. Verwundert stellt er fest, Teil davon zu sein, was die lustvolle Lästerung erschwert. Er ist gegen Gott, ohne richtig Atheist zu sein. Er vergöttert die Natur und beschädigt sie ausnahmsweise. Er ist Vegetarier und isst Hackfleisch. Er ist gegen den Staat, genießt aber seine Wohltaten. Er weiß alles besser, ohne alles zu wissen. Es reicht ihm das Zwischenstadium. Er muss nicht regieren, fährt lieber mit dem Rennrad auf den Feldberg oder kämpft gegen böse Schwingungen. Er ist ein ehrbarer Vertreter des Rechtsstaates, erlaubt sich mit diebischer Freude die Falschparkerei. Am wichtigsten sind ihm der gelebte Widerspruch und der schwebende Zustand, Mensch mehrerer Welten zu sein. Sich nach Belieben in andere zu retten, mit der Phantasie seiner Kaffeehausgenossen, ist ihm ein wertvolles Gut.

Der letzte Tag

Mensch, das ist nun der letzte Tag in meinem Eiscafé. Der Betreiber fotografiert den Toaster, die Kaffeemaschine, die Mühle. Eisschalen und Kaffeetassen werden gezählt. Nach vielen Jahren im Eiscafé sitze ich hier allein und schaue auf ramponierte Wände. Ein paar Spritzer Kaffee, Erdbeersoße aus einem Eisbecher, in Kniehöhe der Abdruck einer Schuhsohle sind Zeichen der Zeit. Dunkle Ränder um abgehängte Bilder umrahmen jetzt das Nichts und weisen auf Gewesenes hin. Das gut gemeinte Werbebild ist vom vormaligen Betreiber mit mäßigem Geschick selbst gemalt und lockt immer noch mit dem Ausruf: Eiscafé Cortina – immer prima!

Ein junger Mann verirrt sich ins Eiscafé. Er nimmt auf einem der wund gesessenen Stühle neben mir Platz und liest die speckige Eiskarte. Klebestreifen halten sie zusammen. Die drahtige Kellnerin astet einen Karton Eisbecher, ruft unwillig: „Kein Eis! Ende!"

„Ist das hier kein Eiscafé? Keine Angst!", ruft der junge Mann mit dem Binding-T-Shirt: „Ich trink nur einen Kaffee, ich mache keine Arbeit."

Zum Charme dieses Eiscafés gehören die Launen der Kellnerin. Eine Freundlichkeit legt sie zuweilen als Feindseligkeit aus. Einst wünschte ich ihr fröhlich einen „Guten Morgen!" Erbost wies sie mir mit dem Zeigefinger die Tür. Manchmal reicht das überschwänglich ausgerufene, verheißungsvolle Wort „Cappuccino" beim Hereinkommen. Vom Gast war es gut gemeint. Aber aus unbekannten Gründen stellt es momentan eine Beleidigung der Kellnerin dar. Ihre schlechte Laune lässt sie sich nicht einfach so kaputtmachen.

Der junge hagere Mann schaut der Kellnerin nicht ins Gesicht. Sein Blick schweift im Eiscafé herum. Die erste Probe wäre bestanden. Er hätte die Kellnerin sonst arg gereizt. Ich glaube, auch wilden Tieren schaut man lieber nicht ins Gesicht, um nicht aufgefressen zu werden.

„Es geht auch noch Bananensplit", sagt die Kellnerin auf einmal. Was ist los? Sie grinst ja!

„Okay! Dann halt auch ein Bananensplit!"

Sie verlässt das Eiscafé und kommt mit einer Banane in der Hand zurück, die sie beim Obsthändler nebenan gekauft hat. Vanilleeis, Schokosoße, Schokostreusel – fertig. Sahne auch.

Der letzte Gast schaut zu mir erheitert herüber. Ich schmunzele: „Es ist halt der letzte Tag, geht alles drunter und drüber, vielleicht der letzte Kaffee mit den letzten Bohnen aus der Mühle, die gerade mahlt, als seien sie aus Stein."

„Voll cool. Wie es hier aussieht!", schreit der Binding-T-Shirt-Mann gegen den Sound der Kaffeemühle an. „Wie in einem Raumschiff auf einer Zeitreise: Und diese Oldie-Kaffeetassen!"

Die Kellnerin hat es wohl gehört. Sie bringt patzig den Kaffee. Sie runzelt die Stirn und schaut mich an. Gern gibt sie die Portion Kaffee nicht her. Sie schwenkt die Tasse um den jungen Mann herum, die fachgerecht landet. Henkel und Löffel sind rechts. Alte Schule.

„Bin aber Linkshänder", nörgelt der Jüngling.

„Vaffanculo", flucht die Kellnerin hinter der Theke.

Der Betreiber zählt dort konzentriert Flaschen und notiert alles auf ein Stück Papier. Er kennt seine Bedienung:

„Linkshändler, Linkshändler, was das für Leute? Bin ich etwa Linkshändler? Kann ich mir nicht leisten, so eine Extra-Torte! Ich kann auch keine Linkshändler", redet sie sich in Rage.

Zwischen dem jungen Mann und ihr wird es keine Freundschaft geben. Es muss ja auch nicht sein. Das erste und letzte Mal trinkt er hier Kaffee.

„Voll krass hier! Die sind hier nicht so scheinheilig freundlich wie in den Yuppie-Cafés, wo man *Latte* säuft."

„Kann man wohl sagen. Wenn man nicht alles so ernst nimmt, fährt man am besten hier. Ihre Laune wechselt schnell. Was meinen Sie, was hier früher los war, so vor zwanzig Jahren?"

„Echt lange her, da hast du schon gelebt? Eh, voll krasser Typ bist du und das hier!"

Hinter dem jungen Mann befindet sich ein Spiegel in Gestalt einer Eistüte mit drei Kugeln Eis. Die Theke und die Gläser in den Regalen spiegeln sich darin.

„Hier haben viele wichtige Menschen gesessen. Schriftsteller, Fotografen, Maler, Richter, Politiker, Rechtsanwälte und so weiter. Zwischen Rentnern, Arbeitern und Studenten. Zum Beispiel der A und der B."

„Kenn ich nicht!"

„Was? Den Minister kennen Sie nicht? Gibt es doch nicht? War doch bei den Achtundsechzigern dabei."

„Hä? Was ist denn das, achtundsechzig?"

Sein Blick wirkt irritiert. Ich glaube, er weiß nicht, was ich meine. Entweder hat das Wort Achtundsechziger oder das Wort Minister Fragezeichen produziert. Er zuckt nervös sein Handy und schaut auf das Display. Meine Vermutung, er schlage die Wörter „Minister" und „Achtundsechziger" nach, stellt sich als falsch heraus. Er beantwortet wohl mitten im Gespräch mit mir Nachrichten von Freunden. Oder spielt er etwas?

Das Bananensplit kommt im Schiffchen-Becher auf einem silbernen Tablett. Die Banane ist in der Mitte länglich aufgeschnitten. Die Schokosoße hat die Kellnerin mit viel Aufwand netzförmig über das ganze Schiff und darüber hinaus auf das Tablett mit der Serviette drapiert. Der Löffel ist auch von der Schweinerei betroffen. Die Kellnerin sagt „Voila!"

Der junge Mann hat klebrige Finger. Er versucht sie an der hauchdünnen, winzigen Serviette mit dem bekannten Slogan „Eiscafé Cortina - immer prima!" abzustreifen.

Der letzte Eis-Becher, der letzte Gruß fällt freilich übertrieben aus. Er ist die letzte Rache am letzten Gast. Einige schrien unflätig nach Kaffee, fläzten sich mit schlechter Laune auf die Sitze und befahlen, einen Espresso zu bringen.

Da kommt so ein Jüngling daher, der alles auf den Kopf stellen will, auch noch am letzten Tag. Er will ihre Müh' und Plag' der Jahre einfach mit guter Laune auslöschen. Eine regelrechte Unverschämtheit! Auch noch ein Hübscher. Sie könnte sich glatt in ihn verlieben. Die Kellnerin weiß, dass der letzte Eindruck zählt. Den will sie sich nicht durch Freundlichkeit aus Versehen vermiesen lassen.

Jetzt isst er noch nicht mal sein Eis fertig, geht zum Klo, um sich ordentlich die Hände zu waschen. Im Vorraum fotografieren gerade der Hausbesitzer und der Betreiber.

Das Wasser aus dem Waschbecken im Herrenklo geht seit langem nicht. Die Leitung war im Winter eingefroren.

„Zu den Damen", empfiehlt der Betreiber dem jungen Gast, der es als Frage versteht.

„Nein, ich will mir nur die Hände waschen! Ist das hier etwa ein Bordell?"

Der Jüngling kehrt von der Damentoilette mit sauberen Fingern zurück. Sein Hemd und seine Hose sind nass. Aus dem Wasserhahn schoss das Wasser mit Hochdruck, prasselte in das viel zu kleine Waschbecken und so auf die Hose des Jünglings. Hemd und Hose sehen bepinkelt aus, sogar ein neuzeitlicher Adonis ist da peinlich berührt.

In Ermangelung eines Handtuchs schüttelt er seine Hände aus. Der Steinboden wird nass und schmierig vom Staub der Schuhe. So haben wir alle die Jahre unsere Hände getrocknet.

Geschlossen

Das Stammcafé ist geschlossen. Viele Gäste haben ihre Heimat verloren. Die Glastür ist mit buntem Einwickelpapier für Eisbecher verklebt.

Zuhause sehen Tapeten so aus.

Der Kaffee schmeckt überall besser, aber nirgends so gut wie im Stammcafé.

Ratlos besprechen die Gäste vor der geschlossenen Glastür auf den Stufen zum Eingang die aussichtslose Lage. Es bilden sich Gruppen von Ratlosen. Sie pressen ihre Nasen an die Scheiben und lugen durch die Schlitze zwischen den Bahnen des Einwickelpapiers ins Innere ihres Heiligtums. Sie fühlen sich betrogen, ausgeschlossen und ausgesperrt.

Durch das schmückende Papier an der Glastür sieht das Eiscafé wie ein großes Geschenk aus, das man nicht auspacken darf, weil noch nicht Weihnachten ist.

Am meisten leiden die Männer vor der Tür. Sie rauchen nervös Zigaretten und diskutieren über Gerüchte eines möglichen neuen Betreibers oder die Okkupation durch eine Parfümeriekette oder eine Drogerie. Sie wollen wissen, in welche Leibeigenschaft sie demnächst geraten und wie sie zwischen Arbeit, Zuhause und Familie die Zeit füllen werden, wenn sie vom Einkaufen oder gar aus dem Urlaub kommen. Um mental zuhause anzukommen, braucht es vorbereitend eine Zigarette und eine Tasse Kaffee im Stammcafé im Beisein vertrauter Gesichter.

Cappuccino

Meine Anmerkungen zum Cappuccino sind höchst wichtig. Der Cappuccino ist sowohl Genuss als auch Übertreibung in einem. Das macht ihn zu mehr als nur zum Getränk, nämlich zur Idee, die man sich täglich einverleiben kann.

Er besteht nur zum kleinen Teil aus frisch gemahlenen Espresso-Bohnen, der Rest ist Schaum. Eine weitreichende Analogie zum Treiben der Menschen tut sich hier auf. Ist nicht vieles am Menschen und in der Gesellschaft nur Schaum, aufgebauscht und sieht nach mehr aus, als es vorgibt? Man weiß davon, aber man genießt den Schaum dennoch oder gerade deswegen. So kann es nur der Italiener vorzüglich, denn er versteht sich auf das Außenherum, auf schöne Kleider, Stil, die Oper und aufs Leben.

Der hiesige Kaffeetrinker wittert einen Betrug. Der Deutsche will die Tasse voll haben. Er erkennt die Botschaft des Schaums nicht. Für ihn ist es nicht immer das geistige Getränk, das man morgens zu sich nimmt, wenn die Sonne erwacht. Er will es den ganzen Tag. Er neigt zur flüssigen Materie, die er erst seinem Auge und dann den inneren Organen zuführt.

Er glaubt, mehr ist besser. Und so bietet das italienische Eiscafé zum Original einen „Deutschen Cappuccino" an.

Ein guter Kompromiss, den ich bevorzuge, da die Sahne noch echt ist und nicht aus der Sprühflasche gereicht wird. Der Kaffee ist kräftig, die Sahne besänftigt. So kommt der Geist zu seinem Recht und die vermehrte Flüssigkeit befriedigt den Magen. Die kleine Version ist der Espresso mit Sahne und Kakao, der Aufwecker zwischendurch. Der paraguayische Kellner mit ostpreußischem Akzent nennt ihn „Marocchino".

Mein glücklicher Moment am Morgen: Das Sonnenlicht fällt goldgelb auf die Straße. Sie ist noch nass von der städtischen Reinigung mit Wasser und riecht etwas faul, die Luft ist frischkalt. Alles steht auf Beginn, alles ist heute möglich. Freude darüber, dass die von gestern wieder da sind.

Udo, so heißt der Kellner, macht mir den ersten Cappuccino. Die Tasse ist warm, weil sie auf der Kaffeemaschine gelagert wird. Im Bogen, fast aus der Hüfte heraus, fliegt der Cappuccino auf meinen Tisch: „Prego, con la panna, Michelino". Ich schütte aus dem Zuckerstreuer vom weißen Süß auf die Sahne. Durch die Spritzdüse der Maschine ist die Sahne wurmartig und kantig geformt. Am Ende erhebt und streckt sie sich zum Gruß in die Höhe.

Ich warte, bis die schwere Seite durch das Gewicht des Zuckers auf der Sahne wie ein Eisberg umkippt. Erst dann schlürfe ich etwas vom heißen Cappuccino zwischen Tassenrand und Sahneberg. Es ist der goldene Schluck.

Meine Oberlippe ist mit Sahne und Kakaopulver benetzt, das der Kellner vorher aus einer blechernen Dose klopfte. Das Betätigen der lautstarken Sahnemaschine, ihr Brummen und Vibrieren, gehört zum ersten Cappuccino am Morgen.

Ich nehme den zweiten Schluck, hebe die Oberlippe, schnappe mit der Flüssigkeit Sahne und Zuckerkristalle auf, ziehe das Gemisch durch den Mund und lasse die geniale Verbindung auf der Zunge zergehen. Wichtig dabei ist die Atmung, die beim Schmecken einen großen Anteil hat. Beim Einführen der guten Stoffe spielt der Geruch eine Rolle. Wie aus dem Nichts kommen Genuss und Glück in den ganzen Menschen. Der goldene Schluck ist bald vorbei. Das Getränk erkaltet zunehmend und ich verrühre die Sahne, den Zucker und den Kakao zu einer Masse.

Die Unterhaltungen mit Kaffeetrinkenden kommen in Fahrt. Mit dem Löffel kratzen sie auf dem Boden der Tasse Zucker, führen ihn dann verspielt ans Ohr. Zuweilen saugen sie an der Löffelkelle und lassen wie Kinder das Besteck an der herausgestreckten Zunge baumeln.

Eine vornehme Rolle spielt der Kakao. Beim ersten Schluck gerät das auf der Sahne verstreute Pulver trocken in den Mund und in die Atemwege. Der Atem stockt, gleichzeitig stellt sich Wohlempfinden ein. Ungeübt, gerät man ins Röcheln. Ist die Tasse leer, zeichnet sich der Kakao im Inneren am Rand und am Boden der Tasse ab. Er malt geheimnisvolle Landschaften, Gesichter, Bauwerke, Tiere und gibt dem aufmerksamen Trinker des Cappuccinos Prophezeiungen mit auf dem Weg in den Tag.

Mit dem Löffel kratze ich an dem Sahne-Kaffee-Zucker-Kakao-Konzentrat so lange, bis meine Gedanken im Freien schweben, um dem heutigen Tag eine Richtung zu geben.

Samstag

Es ist Samstag, der Kellner Udo schiebt die Falttür zur Seite. In ihrer Fahrrinne hat sich über die Zeit Schmutz eingelagert und bremst seine Bemühungen. Er holt den Schraubenzieher, reinigt sie, schiebt und drückt, auch die Scharniere der Glasteile haben sich verkeilt.

Jetzt hat er es geschafft und kann endlich mit dem Lappen die Scheiben der beiden Eisvitrinen von außen reinigen. Aus der anderen Hand betätigt er eine Sprühflasche. Sie befördert eine schaumige Flüssigkeit aufs Glas.

Mit dem Schwamm putzt er den Waffelständer.

Seine Frau trägt Kübel mit Eis aus dem Labor heran und ordnet sie in der Theke nebeneinander ein. Dann stellt sie die handgeschriebenen Schilder der Eissorten davor. Ein neuer Tag beginnt.

Udo wischt mit nassem Lappen die Tische. Der erste Gast sitzt schon da. „Buon giorno!" Er hebt brav die Ellbogen und rettet seine Zeitung vor der feuchten Tischplatte. Jetzt kommen die Eiskarte und der Zuckerstreuer dazu. Zum Schluss der Aschenbecher.

Ich bin auch schon da. Als Bote habe ich aktuelle Zeitungen frisch von der Nacht gebracht und hole die Klemmhalter von der Hakenleiste an der Wand. Ich lege alle fünf Exemplare auf den Stuhl und wechsle ein paar aufmunternde Worte mit dem Kellner Udo. Gestern Abend Folgendes erlebt! Das Wetter! Die Eintracht!

Udo zündet sich eine Zigarette an, klemmt sie zwischen die Zähne und eröffnet den Tag mit einem Konzert der Mühle, die laut Kaffeebohnen mahlt. Sie absorbiert alle anderen Geräusche, sie duldet keine anderen neben sich.

Er drückt einen Knopf und der große Kaffeeautomat fängt bedeutungsvoll an zu brummen. Das heiße Wasser wird durch den Filterlöffel mit Kaffeepulver gepresst. Mit der gefüllten Tasse läuft Udo hinüber zur Sahnemaschine, um eine Haube kunstvoll durch Drehen der Tasse zu gestalten. Mist! Die Sahne ist in der Maschine über Nacht sauer geworden! Wahrscheinlich war die Spritzdüse nicht richtig sauber. Dabei steht schon die Untertasse mit dem Löffel und dem Keks auf der Theke bereit.

Die Tasse ist angewärmt und lag die ganze Nacht in einem Behältnis auf dem Kaffeeautomat.

Was für eine plötzliche Befreiung: Die Kaffeemühle tönt nicht mehr! Nur in meinen Ohren mahlt sie als Phantom weiter, den ganzen Tag über, bis in meine Träume in der Nacht.

Auf dem Tisch öffne ich den mit Federn gespannten Zeitungshalter, lege die linke Kante der FAZ so in die Führung, dass sie von den drei spitzen Nägeln des oberen Schenkels in die kleinen Vertiefungen des unteren Teils gepresst und eingeklemmt werden kann.

Heute sind die Zeitungen dick. Die Nägel dringen nur schwer durch das dichte Papier. Stadtausgabe, Wirtschaftsteil, Politik und Finanzen haben eigene Heftteile. Die Stellenanzeigen lege ich gleich raus. Natürlich auch die Werbeblätter.

Oft verrutschen die Teile, liegen nicht genau übereinander und einzelne Blätter ragen, unerfasst vom Nagel, heraus.

Ich umfasse den Griff des Halters fest mit der linken Hand, mit der rechten schiebe ich die Zeitung vorsichtig unter die Nägel. Der Falz in der Mitte erzeugt eine kaum zu kontrollierende Wölbung. Es entsteht eine schwer zu bändigende Asymmetrie.

Durch Druck mit dem Zeigefinger könnte die Wölbung geglättet werden. Aber woher die dritte Hand nehmen? Die eine Hand hält den Griff, die andere schiebt die Zeitung in den Klemmbereich. Einige Finger der rechten Hand beschäftigen sich artistisch mit dem Beseitigen der Wölbung.

Nun liegt die Zeitung aber nicht mehr parallel zum Halter. Sie ist verrutscht. Es ist zum Haare raufen.

Drücken und Schieben reicht nicht. Immer stiehlt sie sich davon.

Jetzt kann ich den Falz von rechts außen zur Linken glatt streichen. Die Zeitung schlittert vom runden Tisch, der kleiner als der Lesestoff ist.

Die Prozedur beginnt von neuem. Diesmal soll es gelingen. Ich streiche übers Papier, korrigiere mit der Hand Ungleichheiten und will schon mit dem Daumen die Feder zuschnappen lassen, da stellt der schelmische Kellner Udo eine neue Tasse Cappuccino auf die Zeitung und grinst frech. Alle Seiten verrutschen wieder.

Der Schluck Cappuccino ist eine Wonne. Der heiße Kaffee mit Sahneschlag und dem Kakao obendrauf, dazu die Keksbeigabe - das versöhnt.

Der Cappuccino ist für den Zeitungsboten, den Beschaffer der Presseerzeugnisse, frei.

Jetzt ist das Werk vollbracht, ich habe zwar den Daumen eingeklemmt, aber: Voila!

Ein Kunde holt sich eine Zeitung vom Haken und nimmt sie gleich aus dem Zeitungshalter. „Da kann ich sie besser lesen", sagt er frech. Am Tisch schlägt er die Doppelseiten an dem Falz nach hinten um und verkehrt die Reihung der Seiten. Mehr noch: Er fährt druckvoll mit dem Daumen über das Papier und erzeugt einen unstatthaften Falz, als sei er zu Hause beim Frühstück. Zu allem Überfluss lässt er den zerknitterten Haufen nach dem Genuss seines Espressos liegen.

Die pingelige Lehrerin schreibt an die Ränder und zwischen die Spalten Kommentare wie „falsch!", „stimmt nicht!" oder „richtig so!" Sie unterstreicht Textpassagen nach Wichtigkeit, was die nachfolgenden Leser nicht leiden können. „Zensur!", ruft ein anderer Lehrer.

Jemand hat beim Lesen eine Ecke der Zeitung in den Kaffee getunkt und Kuchenkrümel fallen lassen. Sogar Butterflecke und zähe Käsefäden vom „Mailand-Toast" finden sich. Einer schneidet unter dem Tisch mit dem multifunktionalen Schweizer Taschenmesser heimlich einen Artikel aus der Zeitung. Er schaut sich verdächtig nach allen Seiten um und wird rot im Gesicht.

Dem Kellner entgeht es nicht. Er besitzt ein feines

Sensorium dafür, was Betrug und Diebstahl betrifft. Beim Kassieren sagt er dem Dieb: „2,80 Mark, plus 10 Pfennig für das Loch in der Zeitung." Da bekommt er sogar 20 Pfennig vom Übeltäter, der kleinlaut abzieht.

Der Radfahrer und Schreiner nimmt das geschundene Blatt der Zeitung, guckt clownesk durch das Loch und sagt: „Jetzt bin ich auch mal in der Zeitung!" Ein Nächster liest eine halbe Stunde lang, um festzustellen, dass er die Zeitung von gestern aus dem Stapel von der Ablage genommen hat. Immer hungrig auf Nachrichten, hat er den Fauxpas spät bemerkt. Er wird von seiner Kaffeegenossin am Nebentisch ausgelacht und gilt als überführt, nicht auf der Höhe der Zeit zu sein. Zugleich stellt sie fest, dass das Neueste nicht immer das Wichtigste ist, eine Binsenweisheit.

Plötzlich gibt es eine heftige Diskussion über die Tische hinweg. Ein Spitzfindiger meint, die alte Zeitung sei vom schelmischen Kellner bewusst hingelegt worden, um uns zu verwirren.

So, wie er neulich einem Stammgast die leere Aktentasche während seiner kurzen Abwesenheit auf dem Klo mit alten Zeitungen füllte, weil dieser ständig angab, ein wichtiger Mensch zu sein und die Tasche voller Arbeit habe. Dabei war sie leer.

Herein kommt der Professor für Romanistik, der einen Grappa und einen Espresso bestellt und darum bittet, in zehn Minuten einen neuen Grappa zu bringen. Obwohl er schon lange Vorlesungen hält, braucht er zur Beruhigung den Alkohol, dazu den Kaffee und die qualmende Zigarette. „Ich kämpfe damit gegen die Angst", sagt er.

Ein Lebensmittelhändler befindet sich ganz hinten am Tisch vorm Eingang zur Toilette und schreibt an einem Buch über die deutsch-türkische Kulturarbeit. Er war schon morgens um 4 Uhr in der Markthalle, hat die Kinder zur Schule gebracht und mit seiner Frau den Laden geöffnet. Der „Die Grünen"- Politiker kommt herein und schnappt sich alle Zeitungen vom Haken. Er muss alles wissen. Aber er bedenkt nicht, dass das Stimmvieh dann leer ausgeht. Dass es neidisch und mit Missgunst auf ihn und seine Genossen schauen könnte, denn zum Lesen kommt er nur eingeschränkt. Er diskutiert mit seinen Parteigenossen und wimmelt einen Wähler ab, der von ihm mehr Straßenbahnen will. Die Partei etabliert sich, nimmt hohe Posten ein. Die meisten haben hier studiert, Häuser besetzt, gegen das Establishment gekämpft. Naturkostgeschäfte, Kinderläden, ein Antiquariat an der Universität und ein Frauenbuchladen entstanden.

Neben dem erlauchten Kreis sitzt der italienische Gastarbeiter der ersten Stunde, der in der hiesigen Fabrik für Werkzeugteile arbeitet. Er ist geschmackvoll gekleidet, höflich und freundlich, steht kurz vor der Rente und zählt die Tage herunter. Er kommt zur Tür herein und sagt: „134". Es sind seine Arbeitstage vor dem Aus. Davon hat er noch 20 Tage Urlaub, ist ungefähr 14 Tage krank.

Sein Herz und seine Prostata machen ihm und seiner Frau Sorgen. Er möchte die Rente gerne erleben und so zählen alle mit, als würden im Café an diesem Tag die Gäste gemeinsam in den Ruhestand gehen.

Der italienische Mann spricht langsam, deutlich und hört zu. Er ist etwas bauchig und sein Espresso vor ihm sieht daher spärlich aus. Er spitzt seinen Mund, rollt die Augen nach unten, trinkt vom Espresso, den er als echter Italiener „Caffè" nennt, hält die Tasse abwartend in der Luft, leckt seine Lippen, dreht mit der Zunge den Kaffee im Mund und stellt die Tasse auf den Unterteller. Dann schaut er ins Innere seiner Kaffeetasse, als sei der klägliche Rest mit einer spontanen Erkenntnis verbunden.

Er trinkt den Schluck und sieht auf dem Grund der Tasse vom Kaffee gebräunte Zuckerkristalle. Er kratzt sie genüsslich mit dem Löffel heraus, genießt sie, schießt vom Sitz auf und geht.

Was hat er gesehen? Die Quintessenz seines Lebens?

Zwei ältere Herren, einer mit Hut, kurzer Hose mit Hosenträgern, der andere mit wildem Bart und Zigarette, streiten sich um die FAZ.

Der Bärtige versteckt sie und grinst zufrieden. Der mit den Hosenträgern lässt die Blicke schweifen und entdeckt sie unter dem Tisch in der Obhut des Bärtigen. Er bleibt aufdringlich vor seinem Lese-Konkurrenten stehen, signalisiert, dass er alle Zeit dieser Welt habe, bis dieser sie herausrücke. Dann kommt die längst erwartete Frage: „Lesen Sie noch lange?"

Er nimmt neben ihm Platz, deutet dem Kellner Udo an, dass er erst das Getränk bestellen könne, wenn er unverzüglich seine Zeitung bekommt. Nun beginnt er laut zu murmeln und zu knorzen: „Hach! Jetzt liest der wieder die Zeitung! Soll er sich doch eine eigene kaufen!" Der Bärtige flüstert mir zu: „Der hat doch genug Geld!"

Eine Zeitung kaufen, das wollen beide nicht. Das verbindet sie sogar miteinander. Es ist nicht nur der Geiz. Sie könnten sich eine leisten. Sie wollen nicht nur sparen, sondern durch die Oberhand über diese Zeitung Spitze der großen Zeitungslesergemeinde sein, sie lesen, ein paar Gedankenblasen verbreiten und Diskussionen anzetteln. Diese eine Zeitung ist das magische Blatt der Kaffeetrinkenden, nicht irgendein Blatt.

Der unterlegene Anwärter auf die Zeitung ist erzürnt, verlässt flugs das Café. Der Sieger tut unschuldig.

Der Bordellbetreiber legt frech seine rechtsnationale Zeitung auf den Tisch und wettert gegen Ausländer, obgleich er selbst Ungar ist. Der Schriftsteller meidet ihn und liest zum Ausgleich die dünne linke TAZ.

Ohne meine Zeitungen wären alle diese Ereignisse nicht möglich. Nie würde der Betreiber auf die Idee kommen, Zeitungen zu kaufen. Dafür ist er zu sparsam und sieht das große Ganze nicht.

Der stolze FAZ-Leser steckt sich genüsslich eine Zigarette an, die er kurz darauf in den Aschenbecher legt und dort verspielt die Asche abstreift. Zuweilen lässt er selbstvergessen die abgebrannte Zigarette zwischen seinen Fingern zu einer krummen Wurst werden, was besorgte Gäste des Eiscafés dazu veranlasst, ihn auf drohende Gefahren aufmerksam zu machen.

Er genießt die Spannung, ob die Asche seiner Zigarette noch ein Weilchen am Filter bleibt oder schnöde zu Boden fällt. Es ist eine Frage der Geschicklichkeit und der Geduld.

Er legt die Zigarette in den Aschenbecher und spricht über die Landtagswahl in Bayern, rezitiert eine paar humorvolle Zitate von Edmund Stoiber aus der Zeitung.

Der Glimmstängel tut sein Werk. Schon geht das Objekt der Begierde in Flammen auf und der Redner merkt es nicht. Eine Feuersbrunst erscheint ihm wenig wahrscheinlich. Der Anarchist, der Rechte, auch die Rentnerin möchte es dem überheblichen Sieger im Zeitungswettstreit nicht sagen. Die Flammen sollen ihn erschrecken.

Als hätte ich es schon geahnt, kommt der aberwitzige Kellner mit einem nassen Handtuch und wirft es über die brennende Zeitung. Und plötzlich ist Stille. Bis auf eine Sauerei und etwas Asche ist nichts geblieben.

Die Rezension über Herta Müllers neues Buch „Herztier" ist gestern in der ZEIT erschienen. Der Lehrer, der hinter jedem alltäglichen Sprachbild etwas Tiefgehendes, Symbolisches, gar Schweinisches sieht, fragt den Kellner nach der Literaturbeilage.

„Hab ich weggeschmissen!"

„Das geht aber nicht! Kulturbanause!"

„In den Müll, ganz unten!"

„Das ist ja wie bei der Bücherverbrennung! Kultur wegschmeißen, auf den Haufen werfen! Ein Buch, in dem es um die Angst geht!"

Der genervte Kellner streicht erzürnt seinen Oberlippenbart und wird aus dem hinteren Raum von einem Gast gerufen: „Zahlen!"

„Zahlen? Was für Zahlen?"

Die Stimmung ist gereizt, aber schön. Hier geht's um was.

Der Kellner ist im Labor verschwunden, man hat ihn schon lange nicht mehr an der Theke gesehen. Erst hat man es nicht bemerkt, aber dann möchte ein Gast etwas bestellen.

Der Restaurator von alten Möbeln kommt herein und will schnell einen Espresso. „Presto, presto, einen Espresso!" Seine Ungeduld ist sichtbar. Er dreht seinen Körper, reckt den Hals, wedelt mit dem 5-Mark-Schein.

Gepolter im Labor ist zu hören. Der Lehrer sagt, er müsse bald weg. Er habe eine Freundin in Rüsselsheim. Aber da schlafe ihm der Rüssel ein.

„Alle hierbleiben! Wenn Udo beleidigt ist, dann ist Vorsicht geboten", rate ich. „Denn den paraguayisch-ostpreußischen Kellner darf man nicht enttäuschen, seinen Zorn darf man nicht auf sich ziehen."

„Morgen", meint der Lehrer, „fahre ich zu einer Freundin nach Idstein. Dort werde ich fit sein."

Die rauchende Rentnerin mit einem ärztlich zugeklebten Auge, vom Lehrer bösartig Zyklopin genannt, hört fassungslos zu. Vom Treiben magisch angezogen, legt sie die Stirn in Falten.

Eine junge Frau tritt herein. Sie ist apart gekleidet.

Vielleicht kommt sie gerade von der Messe. Sie holt einen Notizblock aus der Tasche und schreibt ein paar Sätze auf ein Blatt.

„Darf ich Sie etwas vollsülzen, denn ich komme aus Ülzen", säuselt der Lehrer in Richtung Dame.

Der Barkeeper aus einer Jazz-Kneipe der Innenstadt fühlt sich angesprochen, liest gerade die Todesanzeigen, wie immer. Der Lehrer meint aber die hübsche Frau neben ihm, die seine Anspielung mitgekriegt hat.

„Praktisch denken, Särge schenken", meint der Barkeeper aus der Jazz-Kneipe. Denn er ist ein passionierter Pessimist. „Von dir lasse ich mir nicht die schlechte Laune verderben", sagt er dem Lehrer, der sich irritiert abwendet, weil er mit dem Tod nichts zu tun haben will. Außerdem hat er Angst vor Krankheiten, Unsauberkeit, vor Ansteckungen. Überall lauern Gefahren.

Bevor es noch blöder wird, kommt der Kellner mit der Literaturbeilage aus dem Labor nach vorne. Der Lehrer lässt den dümmsten seiner Reime seit je los: „Vielleicht fahr´ ich nach Rödelheim, da steck´ ich meinen... rein!" (zensiert!)

Der Kellner steht mit der Literaturbeilage vor ihm, die mit Kaffeesatz beschmutzt ist. Seine rote Weste und das weiße Hemd darunter sind voller Asche und Erdbeerflecken. „Hier hast du deine Gerda Ziller!"

„Herta Müller, du Banause", verbessert der Lehrer. „Aber trotzdem: Besten Dank!"

Die hübsche Dame zahlt, lächelt zu uns herüber und wünscht in fremder Sprache einen schönen Abend. Oder war es ein Schimpfwort? Wir werden uns nicht einig.

So bleibt das meiste wie immer im Vagen und ist für die Anwesenden eine Spielwiese für Spekulationen.

Alle schauen auf die Straße, hinüber ins Schaufenster der Vollreinigung. Dort mahnt uns der menschengroße

Derrick aus Pappe mit dem Zeigefinger, sauber zu bleiben.

Auf den Gehsteigen hüben und drüben schlendern Passanten mit Einkaufstaschen vorbei. Stille kehrt ein. Plötzlich gerät ein riesiger Knochen vor dem Eiscafé in unser Sichtfeld. Er wird immer größer und ist ganz weiß. Seine Last trägt der schmale Mann, der als verrückter Radfahrer bekannt ist. Er hat einen riesigen Dinosaurierknochen für meine Kunstaktion aus Schichten von Styropor gebastelt. Der Mörtel zwischen den Platten ist noch nicht trocken. Geschnitten, geklebt und geraspelt hat er so lange, bis es ein Dinosaurier-Oberschenkelknochen wird. Stolz steht er mit dem zwei Meter großen Objekt im Eiscafé und streichelt es, während wir sprachlos sind.

Der Kellner redet das Werk schön und zündet wie der sachverständige Direktor eines Museums eine Zigarette an, um das Werk auf seinen künstlerischen Gehalt zu prüfen.

Wind bläst von draußen herein. Abgestoßene, elektrostatische Styroporkugeln haften an unseren Körpern. Ein heftiges Ausklopfen von Kleidung beginnt allseits. Abstreifen und Abzupfen nützt nicht viel. Die Kugeln sind so schlau, dass sie sich sofort neue anziehende Körper suchen.

Der Kellner schnippt seine Zigarette zwischen Daumen und Zeigefinger aus dem Café, um schnell die Kübel mit dem Speiseeis zu schließen.

„Sonst kaufen ´se Styroporeis!"

Ich sitze im Vorderraum und werde nach und nach von Damen aufgesucht, die gut gefüllte Einkaufstaschen in meiner Nähe abstellen. Manche bringen sogar Einkaufsroller mit. Schnell hat sich meine kostenlose Dienstleistung herumgesprochen und es kommen noch mehr

Damen, die auf meine Zuverlässigkeit beim Aufpassen setzen. Zwischen Taschen sitze ich wie ein Hund, warte auf Frauchen und verteidige Sitzplätze. Ich ernte viel Lob und Wohlwollen und traue mich nicht mal auf die Toilette, so sehr bin ich mit Verantwortung eingedeckt.

Der Kellner und hereinkommende Gäste rebellieren etwas, weil die freien Plätze nicht erreichbar und mit Taschen besetzt sind, aber ich habe zu viel Einfluss hier. Man sieht es am Besitz von Taschen. Ich bin der Magnat! Die einkaufenden Frauen kehren ja wieder. Jedenfalls die meisten. Und sie sind dankbar. Sie trinken ein saftiges Mineralwasser, einen Tee, einen Espresso oder ein Milchshake. Und das ist auch fürs Geschäft gut.

Die Reihen füllen und schließen sich dynamisch. Der verrückte Radfahrer sucht einen Sitzplatz. Er bahnt sich den Weg zwischen zwei Taschen voller Klopapier und Wischtüchern zum Stuhl der Dame seines Herzens, damit er bald in ihrer wohltuenden Nähe sitzen kann.

Der Kellner, ein Meister seines Faches, trägt auf der linken Hand ein Tablett mit drei Gläsern Prosecco, in der Beuge des Ellbogens eins mit zwei Cappuccinos und auf der rechten Hand ein Tablett mit drei Campari-Orange. Hat jemand was zu feiern? Dabei bringt er es tatsächlich fertig, dem unverschämt im Wege sitzenden Vorderbänkler mit dem rechten Ellbogen eine Kopfnuss zu verpassen, wie aus Versehen, damit er es nie wieder tut. Dabei stolpert er über einen schwarzen Baumwollbeutel auf dem Boden. „Porca miseria!" Die Getränke geraten ins Rutschen, der Kellner rudert mit den Armen. Der Wollbeutel huscht zur Seite, fängt an zu bellen und beißt dem Kellner in den Schuh.

Kaffeehaus-Jesus

Heute beehrt uns mal wieder Jesus, der Mann mit dem Rauschebart, langen wirren Haaren, im weiten speckigen hellen Gewand. Er erscheint wie hingezaubert am Eingang, schwebt ins Café an der Theke und den vier vorderen Tischen mit grundlosem Lächeln vorbei. Nach allen Seiten nickt er. Er lässt keinen Gast im Eiscafé aus, selbst den störrischsten. Alle segnet er mit seinem Lächeln.

Urbi et orbi: Stadt, Erdkreis und Eiscafé!

Wie eine herabfliegende Feder landet er auf einem Stuhl. Seine Ruhe breitet sich bis in jede Ritze des Cafés aus. Die Kellnerin beugt sich zu seinen schmalen knabenhaften rosa Lippen herunter, um ihr Ohr nahe an sie zu halten. Sie hat seine Klänge erhört, läuft mit schnellen kurzen Schritten und ruft hinter die Theke laut und profan: EINEN KAFFEE!

Auf der Einkaufsstraße steht Jesus oft als sonderbares Wesen. Er lehnt an einer Stange oder einer Mauer, schaut in sich hinein und murmelt Worte, die unverständlich sind. Manchmal erhebt er beim Dialog mit sich selbst den Zeigefinger.

Kerzengerade steht er da und befasst sich mit den gefährlichsten Menschen dieser Straße. Mit notorischen Trinkern, Muskelpaketen und Halbwüchsigen. Er lächelt sie an und nickt ihnen gütig zu, sagt damit: „Ja, ja. So seid ihr also. Ja, ja. Das ist also euer Leben! Ja, ja! Das ist also euer Ernst?" Und sie scheinen es zu verstehen. Dabei verliert er nie die Kraft aus seinem ehrwürdigen Gesicht, das Berge versetzt, Meere teilt und Wasser in Wein verwandelt.

Manche im Café denken, es ist der Leibhaftige. Man hat es uns ja versprochen, dass er wiederkehrt. Aber ausgerechnet in unser Café? Was sagt es über uns aus? Sind wir etwa Auserwählte? Oder sitzen wir einem riesigen Schwindel auf?

Neulich gingen auf der Einkaufsstraße zwei schwergewichtige Männer aus nichtigem Anlass aufeinander los und beabsichtigten sich gegenseitig wegen eines freien Parkplatzes mit Schlägen zu versehen. Der eine haute sogar den menschengroßen Eismann aus Pappe vor dem Café über den anderen. Unter den Augen von Kommissar Derrick im Schaufenster der Textilreinigung gegenüber.

Der rauschbärtige Jesus stand wie aus heiterem Himmel zwischen den Streithähnen. Er schien keine Ahnung von der körperlichen Gefahr zu haben, in die er sich begab. Für einen Menschen aus einer anderen Welt existiert so was nicht. Durch sein verzücktes Lächeln und die mystische Kraft seiner obskuren Erscheinung löste sich die sinnlose Männerzusammenkunft flugs auf.

Ich sitze neben ihm und weiß nicht, was ich sagen soll. Er nickt mir ständig zu und lächelt. Seine hellblauen Augen strahlen mich an. Sie passen nicht zu seinem restlichen Körper. Als seien sie getrennt von ihm, blicke ich durch sie in ihn hinein.

Das Eiscafé ist über Nacht vom Betreiber und seinen Gehilfen rosa gestrichen worden. „Eine Schnapsidee wohl", sage ich. Die Stammgäste haben einen Schock bekommen. Auch über die Oma-Polsterstühle mit hohen Lehnen rede ich. Sie haben die praktischen abwaschbaren Eiscafé-Stühle mit Stahlfüßen verdrängt.

„Das habe ich nicht bemerkt", flüstert mir Jesus zu. Seine Stimme ist so leise, dass ich seine Worte erst nicht verstehe. Weil er sich gerade ans Hemd fasst, höre ich stattdessen: „Das habe ich nicht gestärkt!"

Im Prinzip ist es egal, was er sagt. Es kommt darauf an, wie bedeutungsvoll seine Worte klingen und die endlosen Pausen etwas Unsagbares deutlich machen.

Die Zeit bleibt stehen. Seine zum Mund geführte Kaffeetasse verschwindet im Bart. Ein Wunder, dass er überhaupt Kaffee trinkt. Ein Erweckungsgetränk, einen Aufmunterer braucht der Auserwählte nicht.

Einige behaupten, er sei psychisch krank. Das kann sein. Er ist ein besonderer Mensch. Er braucht das alles nicht, wonach wir streben. Vielleicht ist auch nur die Welt krank?

Ich verabschiede mich vom Jesus mit einem Nicken. Er neigt darauf seinen Kopf, der unter seinem wirren langen Haar verschwindet.

Das Gespräch war für ihn anstrengend. Ich nehme zwei Tische weiter einen Platz ein.

Am Nebentisch sitzt die Kreuzworträtsel-Frau, die jeden Nachmittag um die gleiche Zeit kommt. In der Nähe steht der Einkaufsroller. Ihr Kopf ist stets über das Rätselheft gebeugt. Nicht auf eine nachdenkliche Weise. Sie trägt mechanisch waagerecht und senkrecht Wörter in Kästchen ein. Wie auf Kommando schießen die Lösungsworte aus ihr heraus. Sie kann alle Fragen beantworten.

Wie der Jesus in unserem Eiscafé lebt sie in einer eigenen Welt. Das gelöste Rätsel gibt ihr die Befriedigung, dass die Welt in Ordnung ist. Wieder ist eine Seite fertig und gibt alles einen Sinn, ein geschlossenes Bild.

Sie nimmt sich das nächste Rätsel vor. Denn noch ist die Welt nicht ganz in Ordnung. Erst muss das Heft vollständig ausgefüllt sein. Dann kauft sie sich ein Neues am Kiosk nebenan. Obgleich sie kaum mit jemandem spricht, braucht sie die Gesellschaft der Gäste, die sie aber nicht stören dürfen.

Mittlerweile sitze ich mit dem Studenten der Medizin, einer Rentnerin und einem Griechen am Tisch. Eine Diskussion über die Hauptstadt von Uruguay beginnt. Man streitet sich. Keiner weiß richtig Bescheid. Bis weiter hinten im Café sitzende Gäste sich einmischen, die auch keine Ahnung haben. Einer meint: *Montevideo*, worauf allgemeines Gelächters ausbricht.

Das Wort *Montevideo* ist wirklich komisch, aber nicht lustig. Außer einem Gast traut niemand dem Wort eine Hauptstadt zu. Wobei zwei, ein Optiker und ein Anwalt, völlig aneinander vorbeireden. Einer hört auf dem rechten Ohr nichts, der andere auf dem linken. Dumm, dass sie jeweils an der falschen Seite zueinander sitzen, was auch gut ist, weil sie sich auch sonst nicht richtig verstehen.

Währenddessen sitzen die Apokalyptikerin und die Ängstliche mit uns am Tisch, den wir herangerückt haben. Das erzürnt den Kellner. Die zerstückelten Bierdeckel und Servietten, die er mühsam unter die Füße des wackelnden Tischs gestapelt hat, sind jetzt für die Katz.

Die Apokalyptikerin berichtet von ihren Krankheiten und denen ihrer Vorfahren, den Freunden, leider zu früh verstorbenen Männern und den Allergien, den Unverträglichkeiten, schweren Leiden und Selbstmorden. Zu Rate zieht sie auch die örtlich angebotenen Apotheken-Zeitungen und Zeitschriften mit den Katastrophenmeldungen vom Waldsterben bis zum Ozonloch und dem drohenden Atomkrieg.

Die Ängstliche wird durch die Erzählungen der Apokalyptikerin immer ängstlicher.

Ein Fabrikarbeiter mit spanischem Akzent am Tisch hat einen Eimer Himbeeren aus seinem Garten ins Café gebracht und bietet sie der Ängstlichen zur Abmilderung ihrer üblen Gefühle an. Sie muss die Himbeeren, die er ihr auf der schwieligen Hand reicht, wegen einer möglichen Ansteckung mit dem Fuchsbandwurm abweisen. „Der ist todbringend", sagt sie dem Fabrikarbeiter, der nun mit seinem Eimer betroffen dasitzt, als hätte er einen Haufen Gift gesammelt.

Die Ängstliche erklärt dem Fabrikarbeiter, dass es überhaupt schlimme Sachen gibt. Zum Beispiel Männer. Falls man mit einem Sex habe, könne man sich üble Krankheiten, sogar den Tod holen. AIDS zum Beispiel. Da sei ein Pilz oder eine Gelbsucht ein Spaziergang.

Der Fabrikarbeiter antwortet, er habe eine Frau und zwei Kinder. Sie äßen Himbeeren gerne.

Die Ängstliche wendet sich enttäuscht ab und schenkt der Apokalyptikerin ihr Ohr.

Der Schriftsteller kommt herein. Ich weiß, was er gleich fragen wird: Wenn ich von einer kleinen und billigen Wohnung in der Straße erführe, wo er früher wohnte und wovon manche seiner Bücher handeln, die auch unser Bockenheim zum Inhalt haben, solle ich dem Verlag Bescheid sagen, da er ja oft in Frankreich sei.

Und so kommt es. Ich habe auch schon die Antwort parat.

Offenbar sieht er eine Wahrheit in der vergangenen Zeit und will sie fixieren, ergründen bis ins Detail, nichts vergessen. „Ach", klagt er, „man müsste so viel Zeit haben, bis alles Erlebte restlos in richtige Worte gefasst ist. Die Zeit rennt einem davon, man hinkt mit dem Schreiben immer hinterher. Man erlebt Neues, aber man ist mit dem Alten noch nicht durch. Deswegen brauche ich Ruhe und Abgeschiedenheit. Es ist schon komisch. Bin ich damit fertig, denke ich an das nächste Buch. Und an das Übernächste. Und an alles, was so geschrieben werden müsste!"

Das Versäumnis

Sie hat meinen Cappuccino vergessen, lehnt gelangweilt hinter der Theke am Regal, schaut mit sehnsuchtsvollem Blick auf die Einkaufsstraße. So als würden dort Gondeln wie im Canale Grande in Venedig schippern.

Die Kellnerin hat nichts zu tun. Und jetzt kommt noch das Vergessen hinzu.

Die Unterversorgung mit Cappuccino macht mich hilflos, müde und missmutig. Es ist davon abzuraten, sie neuerlich auf meine Bestellung anzusprechen oder sogar zu ermahnen. Sie könnte, wie schon passiert, ärgerlich bis wütend werden oder durch eine Übersprunghandlung mich zum Verlassen des Cafés auffordern.

Deshalb ist äußerste Vorsicht geboten. Ich vermeide auch einen beiläufigen vorwurfsvollen oder bedürftigen Blick, der versteckt auf ihr Versäumnis hinweisen könnte. Das käme bei ihr schlecht an. Sie könnte kontern: „Was guckst du?"

Auch ein leiser Hinweis könnte zu ihrer plötzlichen Explosion und damit zur Entäußerung der Person führen, was wirklich niemand will. Ebenso könnte man sich besser ins Knie schießen.

Ich lasse Zeit verstreichen, in der Hoffnung auf ihren Geistesblitz. Hin und wieder blicke ich auf das vertrocknete Konzentrat Kaffee auf dem Grund meiner ausgetrunkenen Tasse, blättere in der Zeitung.

Ein zweiter Gast, der Modeverkäufer von nebenan, kommt hinzu und bestellt dreist einen Espresso. Offenbar wird dadurch das Gehirn der Kellnerin angeregt, ihr Vergessen mündet in ein Erinnern. Ich bekomme mit dem Modeverkäufer zusammen meinen Cappuccino, begleitet vom wohlwollenden Grinsen der Kellnerin, die damit meine Geduld honoriert.

Kakophonie

„Die Sintflut naht", sagt Gregor. Er hat sich mal wieder in ein Gespräch eingemischt.

„Ich habe in meinem Hof ein Boot. Ich kriege es nur nicht durchs Treppenhaus. Dabei habe ich es für den Fall einer Sintflut gebaut!"

Vor einiger Zeit hat er sich von seiner Frau getrennt. Sie hat schon einen anderen Mann und kriegt ein Kind von ihm. Gregor will das Kind als sein eigenes anerkennen.

Ich drücke meine Verwunderung aus.

„Sie hat´s ja jetzt schwer", antwortet er.

„Glaubst du wirklich an die Sintflut?"

„Ja, heute Morgen erst habe ich einen fetten Regenguss erlebt. Wahrscheinlich hat es durch das Ozonloch direkt auf mich stundenlang sauer geregnet. Ich bin auch gleich sauer geworden. Als ich heimkam, konnte ich meine Hose von den Beinen abrollen, so nass war sie."

„Und du willst deine Ex noch belohnen?"

„Ich baue halt an meinem Boot weiter. Wenn die ganze Welt untergeht, rudere ich einfach davon! Wenn die Raketen von drüben kommen und der Ronald Reagen die Pershings schickt, ist es sowieso aus. Was kann das arme Kind dafür? Das kommt von den verdammten Mischehen."

„Was für Mischehen?"

„Männer und Frauen – das geht gar nicht!"

„Der Kohl? Er tut alles aussitzen. Wir sitzen doch hier im Café auch alles aus. Da ist kaum ein Unterschied."

Paula singt: „Neue Männer braucht das Land!"

„Hey! Du nimmst doch immer einen Macho. Und bei uns heulst du dann! Das ist doch verrückt!"

„Nein. Neue Politiker braucht das Land. Seit Willy

Brandt ist hier tote Hose."

„Ach, lass mich doch mit der Politik in Ruhe. Politik ist ein schmutziges Geschäft. Hast du den Barschel in der Wanne enden sehen? Hat mit dem Osten Geschäfte gemacht und wir stehen angeblich an der Schwelle zum Atomkrieg."

„99 Luftballons", singt Paula.

„Der Rust hat es richtiggemacht. Ist unterhalb des Radars auf der Moskwa-Brücke unweit vom Kreml gelandet und hat damit die militärische Abwehr der Weltmacht düpiert. Er ist zwar komplett Gaga, muss man aber heute offenbar sein, wenn man was erreichen will. Also, ich habe eine Menge Konserven und Mineralwasser gebunkert, wenn alles den Bach runtergeht, ich habe wenigstens gut gelebt."

Der Architekt kommt rein. „Meine Kopie des Stadtteils für die Soap im Ersten ist fast fertig. Die Kulissenstadt steht an der Bockenheimer Warte."

„Kopie, Kopie! Ich höre nur Kopie", nörgelt der Maler. „Echtheit, nur Echtheit zählt! Ihr lebt alle eure Kopie."

Horst schimpft: „Heute zählen doch nur Klamotten, Autos und Unsterblichkeit."

„Forever young!", singt Paula.

„Und Deutschland? Die laufen alle mit Deutschland-Fahnen herum wie damals. Sind besoffen von Deutschland und dem Kaiser Franz Beckenbauer. Ich bin ja eher für *Kraftwerk* oder *Ernst Jandl*, aufs Wesentliche reduziert, ich habe das Opulente satt, *Dallas, Schwarzwaldklinik* – alles Scheiße. Ich bin mehr für *Warten auf Godot* oder *Da-da-da*."

„Wo?", fragt der Maler.

„Halt da oder da!"

„Verstehe. Also nicht hier?"

„Exakt. Die wollen doch heute nur vorm Café sitzen und Latte und Prosecco trinken. Das Gesöff ist von zwei auf fünf Mark im Preis hochgegangen, dabei ist es nur Wein mit Schaum. Halt Schaumschlägerei, das passt irgendwie."

Der Wächter

Der Wächterplatz ist ein Rätsel. Er wurde nie vom Kellner und Betreiber vergeben. Auf ihm sitzt nicht wirklich jemand, der aufpasst. Er ist der Seher nach draußen, hat Hereinkommende im Blick und verabschiedet Gäste, wenn es dem Kellner während seiner Arbeit nicht gelingt. Seine Augen sind auf alle Winkel des Cafés gerichtet. So prüft er die Ereignisse im laufenden Betrieb.

Der Wächter liest alle Tageszeitungen, verbreitet die Neuigkeiten auf der Welt und aus dem inneren Betrieb des Cafés. Er ist in der Lage, das Blatt zur Seite zu legen, wenn es ein interessantes Gespräch gibt. Ab und zu schaut er intelligent hinter der Zeitung hervor und wird für den Chef des Cafés gehalten.

Seine Rolle ist eine Illusion. Fehlt der Wächter, wankt das Gefüge und die Symmetrie ist gestört. Die Illusion geht weit. Der Wächter fühlt sich für den laufenden Betrieb verantwortlich, hebt heruntergefallene Keksverpackungen auf und reagiert mit Scham und Erröten auf eine Beschwerde über das Café, so als sei es sein eigenes Versagen.

Zum Dank bekommt er vom Kellner oder Betreiber ungefragt einen Cappuccino, da er durch seine optische Präsenz draußen vorbeigehende Gäste anlockt, die Neuigkeiten in den Gastraum bringen und erfahren können.

Daher steht dem Wächter der beste, von draußen einsehbare Sitzplatz zu. Es kann auch der Stuhl gegenüber der Wand sein, gleich neben der ehemals funktionierenden Heizung. Von dort aus hat er das Treiben des Kellners hinter der Theke im Blick. Beim Schneiden des Obstes, Auflegen eines Toasts, Zubereiten eines Eisbechers, Bedienen der Kaffeemaschine und beim Eisverkauf über die Theke hinweg kann er zusehen und ungeduldigen Gästen entgegenwirken.

Setzen sich Uneingeweihte und Laufkunden auf den Wächterplatz, gibt es als Ersatz ganz hinten, neben dem Eingang zum Labor, einen Platz am langen Tisch, von dem aus der Wächter die weiteste Sicht zum Eingang hat.

Sitzt er hier, kommen besorgte Stammgäste und erkundigen sich nach seiner Gesundheit und ob etwas sei, was ihn vergrämt habe. Am hinteren Platz genießt er die Distanz zu den Gästen und zum laufenden Betrieb.

Er sieht sich selbst vorn sitzen und kommt sich wie in einem Kinofilm vor. Er durchschaut die wiederkehrende Prozedur aus Bestellen und Bringen von Getränken durch den Kellner, die eine Weltordnung beschreibt. Nur im Kleinen und übersichtlicher, an einem Ort. Alles ist ein Wünschen, Warten, Bekommen, Zufriedenseinwollen und vollzieht sich hier geballt.

In den Wiener Cafés der vorletzten Jahrhundertwende war der Cafetier der Betreiber, der über alles wachte. Er nahm die Bestellungen auf und sorgte für einen ordentlichen Ablauf des Betriebs, regelte die menschlichen Angelegenheiten der Kunden. Der klassische Cafetier ist über die Zeit verlorengegangen. In Ermangelung dieser Institution springt der ehrenamtliche Wächter ein. Philanthrop und Altruist muss er schon irgendwie sein.

„Einbrecher habe ich in der Nacht dabei erwischt, wie sie im Eiscafé die Wand zum Juwelier nebenan aufbrachen. Ich wollte schnell einen Espresso trinken, weil ich spät heimkam. Sie waren ganz verdutzt und sind mit ihrem schweren Werkzeug abgezogen."

„Ist ja furchtbar, Udo! Hast du nicht Angst gehabt?"

„Ich kam gar nicht dazu, ich war dermaßen perplex. Und die Einbrecher auch."

„Ich sehe gar kein Loch in der Wand!"

„Klar. Ich habe ja auch ein Bild darüber gehängt, was der Chef gemalt hat." Eisbechermalereien mit Buntstift. Titel: *Eiscafé Cortina - immer prima.*

Einfach ein Bild über das Loch hängen und dann weiter so, das begeistert mich. Jetzt gibt es einen Geheimgang nach drüben zu den Juwelen. Zu was Bilder fähig sind! Die klassische Übermaltechnik wird hier übertroffen. Das Ereignis ist hinter dem Bild.

Anders sieht es beim Panoramawerk aus Eisbechern, Weinflaschen und Obst aus, das der Betreiber gemalt hat. Die Perspektiven stimmen nicht. Die Flaschen sind viel kleiner als die Kiwi, die Bananenstücke größer als die Eisschale.

Aus Mitgefühl den Gästen gegenüber und zur Verteidigung der Malerei versuche ich mit Zustimmung der Leitung eine Korrektur. Je mehr ich richtigstelle, desto schlimmer ist der Gesamteindruck. Die aufgeschnittene Melone wirkt wie ein fahles Stück Fleisch aus dem Werbe-Prospekt eines Supermarktes.

Das Vorläufige und Selbstgemachte durchzieht das ganze Eiscafé. Die Gäste haben den Eindruck, dass der gute Geschmack an der Tür abgegeben wurde. Ein Lehrer bezeichnete einmal die angeklebte Holzstuckdecke als

Gelsenkirchener Barock.

Das einstmals praktische und nüchterne Mobiliar eines Eiscafés mit dem kalten, abwaschbaren Charme wurde durch viel Schlimmeres ersetzt. Durch Stühle, die aus dem bürgerlichen Wohnzimmer der fünfziger Jahre stammen könnten, aber aus Italien über den Brenner-Pass gebracht wurden. Die Tische mit Marmorplatten waren auch praktisch, man konnte sie gut abwischen. Aber im Winter speicherten sie die Kälte. Legte ich beim Kaffeetrinken meine Hand auf die Tischplatte, erkaltete sie.

Diese wertvollen Tische bedeckte der Betreiber des Eiscafés mit billigen Holzplatten. Ein noch größeres Verbrechen waren rosa gestrichene Wände in einer Nacht-und-Nebel-Aktion. Die gewohnte hässliche Korktapete war weg. Wenn etwas schlimm ist, warum es noch schlimmer machen?

Wir sitzen im superlativen Raum des schlechten Geschmacks. Es ist vorteilhaft, beim Aufenthalt in unserem Eiscafé Mängel vor Ort mitzudenken und nie das Optimale zu erwarten. Hier fehlt es an einer Verblendung an der Theke, da ragt ein Nagel gefährlich aus einer Leiste, die Eingangstür macht beim Öffnen ein Geräusch, als würde jemand eine Flasche Sekt öffnen.

Eine Heizung vermissen wir ganz. Einst war sie in eine Wand im vorderen Raum einbaut. Wurde sie eingeschaltet, erhitzte der Gast am Tisch nebenan so sehr, dass seine rechte Körperhälfte glühte, während die linke Seite von der undichten Tür aus erfror. Das führte zu einem merkwürdigen Wärme-Kälte-Austausch in den Körpern der Gäste. Es kam zu kuriosen, kränklich aussehenden Gesichtern, die an der rechten Wange schwitzten und auf der linken blass waren. Zudem roch es nach verbranntem Staub und allerlei, wenn die Heizung unvermittelt doch lautstark arbeitete.

Eines Tages verglühte der eigentümliche Wärmeautomat und wurde vermutlich entfernt. Und dem Self-Made-Wirt war es wegen der hohen Stromkosten sowieso recht. „Wir sind schließlich in einem Eiscafé!", hieß es immer wieder.

Ältere Damen hält das Fehlen der Heizung nicht davon ab, ihren Platz davor einzuklagen. „Lassen Sie mich bitte an der Heizung sitzen", sagen sie weinerlich. Dabei befindet sich hinter den Luftschlitzen mittlerweile nur noch ein leerer, schmutziger Raum, den hin und wieder eine Maus besucht.

Aber es herrscht nicht nur Sparsamkeit. Wenn der Grappa und der Prosecco direkt aus Italien fließen, Panettone zur Weihnachtszeit den Gästen als Geschenk überreicht wird, ist die Zeit des Gebens.

Ein Feuerwerk an Kitsch ist der goldfarbene Blech-Schirmständer in Form eines leicht nach unten aufgespannten Regenschirms. Er ist unpraktisch und fällt um, wenn man einen nassen Schirm reinstellt. Es gibt ein infernalisch lautes Geräusch, als würden Scheiben zerspringen. Kunden stoßen regelmäßig dagegen, weil das Ding im Weg steht. Wie gesagt, Kitsch! Einen Schirm in einen Schirm stellen, ist die leibhaftig erlebte Definition von Kitsch.

So ein Ding sieht man nicht mal in einem Museum für Moderne Kunst!

Tanz um den Cappuccino

Der Italiener ist ein beliebter Pizzabäcker im Stadtteil. Er schreitet über die beiden Eingangsstufen ins Eiscafé, vertieft in seine italienische Zeitung. Er wird vom Personal hinter der Theke lautstark mit einem „Eeej!" begrüßt.

Er brummt eine unverständliche Antwort. Auf der Stirn trägt er eine Brille, wo normalerweise Hörner sitzen. Jedenfalls bei Ochsen. Er liest sich Meter für Meter ins Lokal voran, bleibt mehrmals stehen, weil er eine interessante Stelle in einem Artikel gefunden hat.

Plötzlich sieht er jemanden hinten im Café und schreit: „Gigio!" Der ruft laut zurück: „Antonio!"

Dabei liegt hier keine Schwerhörigkeit vor. Vielleicht versuchen beide so aus ihrem Tagtraum zu erwachen? Sie haben sich doch gestern erst gesehen, tun aber so, als wären es Jahre her.

Die brüllenden Männer haben sich nichts Neues mitzuteilen. Sie tauschen am neuen Tag Laute aus, die alles beinhalten, was niemals so mit Worten ausgedrückt werden könnte.

Der Eiscafébetreiber und sein Personal ducken sich vor Schreck und sprechen ein bittendes „Silencio" aus. Die lauthalse Begrüßung ist aber nicht abzustellen, sie ist Teil des Morgens geworden. Und man weiß mittlerweile im Eiscafé, dass kein Morgen sein würde, wenn Antonio nicht mehr schreit und sich lesend blind ins Café vortastet.

Antonio bestellt jeden Tag einen Cappuccino, den er schnurstracks bekommt. Er sitzt und hält die aufgeschlagene Zeitung nahe an seine Augen, die helfende Hornbrille hat er auf der Stirn.

Nach einer Weile beschwert er sich, wo denn der Cappuccino bleibt, obwohl er längst auf dem Tisch steht. Oder er moniert, dass das Getränk kalt sei, wie das denn sein könne? Dabei äußert er die Beschwerde mit knappen Worten, seinen Missmut drückt er durch ein Brummen aus. So was wie „Mmmmmaahhh".

Nach einer halben Stunde ist jeder Cappuccino kalt.

Es kann auch sein, dass Antonio seinen Muntermacher

zahlen möchte, in der Annahme, er habe einen angefordert. Oder er bestellt einen Zweiten, in der Vermutung, er hätte den Ersten getrunken.

Vertieft in seine Zeitung, entzündet er das Feuerzeug für eine Zigarette, die bereits zwischen den Lippen klemmt. Doch er beugt sich zur Tasse Cappuccino herunter, um sie dort in der Sahnehaube anzustecken. Gelingt es ihm tatsächlich einen Schluck zu nehmen, zum Beispiel aus plötzlicher Eile nach einem Blick auf die Uhr, zeichnen sich Spuren des Cappuccinos aus Sahne, Kakaopulver und Kaffee halbkreisartig im Bereich seiner Nase, dem Mundwinkel und der Stirn ab.

Das Beziehungsgeflecht zwischen dem Pizzabäcker und seinem Cappuccino ist so reich an Varianten, dass der Italiener nur zusammen mit seinem favorisierten Getränk für alle Stammgäste denkbar ist. Ein Cappuccino ohne das Schauspiel des eigenwilligen Gastes ist halb so schön.

Zudem heißt es, er sei Bürgermeister in einem kleinen Ort in Italien und regiere praktisch vom Cafétisch ein paar Seelen in den Bergen.

Der Cappuccino als Getränk der Belebung tritt hier in den Hintergrund.

Kaufhof

Die Laufwege des flanierenden Bockenheimers führen mindestens einmal am Tag in den Kaufhof auf der Leipziger Straße, in das Herz des Stadtteils, den Dreh- und Angelpunkt. Dort kann er allerlei Waren kaufen, die er braucht und nicht braucht. Er kann sie in Regalen und Fächern betrachten, sie sich aneignen oder einen Kauf verwerfen.

Zuvor oder danach besucht er das Eiscafé. Es scheint so, als seien beide kultischen Stätten geheimnisvoll miteinander verbunden. Auf seiner Suche nach sich selbst, dem, was er will, möchte, muss, darf oder sollte, sucht der Flaneur magische Orte auf und hofft auf Eingebungen.

Irgendetwas könnte an diesem Tag überraschend passieren. Eine Begegnung, ein Buch, ein Kleidungsstück könnte zu ihm passen und ihn erlösen von der gefühlten Mittelmäßigkeit seines Daseins. Ein überraschender Sonnenstrahl könnte ihn heilsam vor dem Gebäude treffen oder ein spontanes Zusammentreffen mit der Liebe des Lebens stattfinden.

Die Flaneure und Schatzsucher gehen links zur Schreibwarenabteilung, dann zu den Lederwaren und den Schallplatten, hinten weiter zu den Textilien und rechts zur Elektroabteilung. Auf ihrem Weg begegnen sie anderen Flaneuren und Zeitgenossen, die im Kaufhof von rechts aus eine Kurve drehen. Dann tauschen sie sich über Erlebnisse des letzten Tages und Vorhaben am neuen Tag aus und verabschieden sich.

Manchmal reicht sogar ihre einfache Ansammlung vor dem Kaufhof, um das Gefühl von Zugehörigkeit zu befriedigen.

Nie leer laufen!

„Nie leer laufen", trichtert der Betreiber des Eiscafés seinen Angestellten ein. „Wenn du dem Kunden einen Kaffee bringst, kannst du auf dem Rückweg ausgetrunkene Tassen mitnehmen, Tische abwischen und Aschenbecher leeren!"

Ich habe oft so eine Einweisung mitbekommen, dass

mir die Philosophie des Betreibers in Fleisch und Blut übergegangen ist, weil dahinter eine Wahrheit steckt.

Das Bringen einer Tasse muss durch Holen einer leeren neutralisiert werden. Gegenstände, die ich im Laufe meines Lebens angehäuft habe, müssen eines Tages rückgeführt werden, auch wenn sie täglich ihr Bleiberecht einfordern. Permanent suche ich nach Begründungen für ihr Dasein.

„Niemals herumstehen", sagt der Eiscafébetreiber zu seinen neuen Angestellten. „Die Theke, die Tische säubern, das Glasregal mit den Eisschalen reinigen. So sieht alles sauber aus und die Kunden haben einen guten Eindruck. Nichts ist schädlicher als ein gelangweilter Kellner oder eine Kellnerin, die telefoniert, raucht oder sich mit dem Personal über Privates austauscht. Der Gast fühlt sich nicht angenommen und kommt nicht mehr."

Erwachen im Körper

Morgens um 9 Uhr bin ich von der Nachtarbeit müde. Ich ziehe eilig meine Kleidung über, die Haare stehen zu Berge. Die Sonne prasselt auf die alten Pflastersteine der Leipziger Straße und lässt sie glänzen.

Der Kellner öffnet das Eiscafé, schiebt mit Mühe die Falttür auf. Bei Tchibo und Eduscho trinken Frühaufsteher und Werktätige für 50 Pfennig eine Tasse Kaffee am Stehtisch. Die Boutique für Damenmoden in der Nähe öffnet, die adrette Betreiberin, gerade von der Mailänder Messe zurück, schwingt vor der Tür den Besen.

Der Mensch am Morgen hat noch viel vom Vortag und der Nacht. Er ist froh, dass er sie überhaupt nach den Träumen und der Dunkelheit überstanden hat und im Erwachen ist. Ihm fallen die Taten von gestern ein und die Aufgaben, die er am neuen Tag zu meistern hat.

Die Nacht, wenn sie nicht zum Tag gemacht wird, ist eine geheimnisvolle Zeit. Sie unterbricht das Tagesbewusstsein und reduziert alles auf Weniges, Wesentliches. Die Stadt ist ruhig, dunkel, nur noch die Grundfunktionen des Stadtkörpers wirken. Taxifahrer, Zeitungsboten, Polizei, Anlieferer von Waren, Straßenkehrer, Straßenbahnen sind unterwegs.

Am Morgen eilen Berufstätige zur Arbeit. Schnell einen Kaffee an der Theke vom Eiscafé! Die Rentner und Rentnerinnen, Hausmänner und Hausfrauen, Alleinlebenden rekapitulieren das Gestern und suchen Zeugen für den vergangenen Tag, palavern, finden Anhaltspunkte dafür aus der Zeitung anhand von Geschehnissen, dass es den vorigen Tag überhaupt gegeben hat. Ohne diese Zeugen könnten sie daran zweifeln! Schon aus philosophischen Erwägungen heraus.

Vielleicht hat man am heutigen Tag vergessen, mich in die Welt zu werfen oder neu zu erschaffen? Dass es mich und die anderen gibt, wir uns heute im Eiscafé als die Gleichen erkennen, einander bekannt vorkommen, ist nicht selbstverständlich. Wie können wir da sicher sein?

Auf der Leipziger Straße berichte ich über meinen kurzen Schlaf, meine Nacht bei meiner Arbeit als Zeitungsbote und über das Wetter. Die Sonne soll scheinen, dann wieder nicht, dann Regen, aber das ist auch nicht sicher.

Wir sprechen über das eine oder andere Gebrechen, einen Schmerz, an dem die Erwachenden ablesen können, dass es ihren Leib tatsächlich noch gibt und er in der Welt ist. Der Schmerz ist ein Beweis für die Noch-Existenz des Körpers, mit dem man weiter am gesellschaftlichen Treiben teilnehmen kann.

Die Uhr

Die Uhr des Uhren- und Schmuckhändlers neben dem Eiscafé ist über dem Geschäft angebracht. Sie geht oft nicht richtig. Nur aus Zufall geht sie genau.

Dennoch nimmt sie jeder als Maßstab und schaut auf die Zeiger, wenn er am Eiscafé vorbei oder hinein geht.

An sich ist es kein Problem. Wenn sie wenige Minuten falsch geht, ist es gefährlich. Dann ist die Bahn weg. Wenn es Stunden sind, fällt es auf.

Ich hatte um 15 Uhr eine Verabredung bei einem Freund. Weil ich noch viel Zeit hatte, schlenderte ich auf der Leipziger Straße herum, wollte einen Cappuccino im Eiscafé trinken. So ging ich von zuhause um zwei los. Als ich auf die Uhr neben dem Eiscafé schaute, war es plötzlich schon fünf vor drei.

Also wechselte ich vom Schlendern in den Rennmodus, überquerte Ampeln bei Rot und kam schweißgebadet beim Freund an, ein paar Minuten zu spät. Ich klingelte mehrmals erfolglos. Nach einer Weile erschien der Freund halb angekleidet an der Tür und sagte, er sei gerade aus der Badewanne gekommen. Ich entschuldigte mich wegen meiner Unpünktlichkeit und war ungehalten. Ich rannte wie verrückt durch die Straßen, damit ich pünktlich ankam und der Freund badete seelenruhig.

Er entschuldigte sich auch, dass er noch nicht so weit sei, das war in Ordnung. Nach einer halben Stunde verließ ich ihn und ging wieder auf die Leipziger Straße zurück, um einen Cappuccino zu trinken. An der Uhr über der Apotheke war es kurz nach halb drei.

Mensch, dachte ich, jetzt bin ich früher als vorher und habe noch meinen Freund besucht. Eine schöne Zeitreise, bei der ich sogar Zeit gewonnen habe.

Der allen vertraute Bettler fragte mich wie immer:

„Haste mal ´ne Mark?"

Ein Hund pinkelte gegen eine Hauswand. Ich war wieder in Zeit und Raum auf der richtigen Spur.

Der Uhren- und Schmuckhändler mit der falsch gehenden Uhr ist mir ein Geheimnis. In seinem Schaufenster liegen Stücke, die alle eine andere Zeit anzeigen. Er handelt auch mit Schmuck und ist fast immer mit einem kleinen Köfferchen außer Haus. Er besucht begüterte Damen in den Villen der Stadt und davor.

Sein Laden hat offen, wenn Bekannte ihn besuchen. Die Uhren und Schmuckstücke sind wertvoll, aber ein Kunde gelangt nur hinein, wenn er eine Geschichte zu erzählen hat. Obwohl alle Uhren eine andere Zeit anzeigen, muss man also zur rechten Zeit kommen.

Die Fußspuren des Schriftstellers

Der Kellner wischt mit dem Schrubber um zwei beschuhte Füße herum. Es sind die Schuhe eines bekannten Schriftstellers. In seine Arbeit vertieft, scheint er die Störung nicht zu bemerken. Gerade piekt er mit dem Stift ein Loch in die Luft und fixiert auf der Straße eine Frau im weißen Pelzmantel mit einem gestylten Pudel, der eine weiße Bommel als Schwanz hat.

Der Schrubber des Kellners wischt an den Kanten der beiden Lederschuhe des Schriftstellers entlang. Er muss sich über die schreibende Schulter beugen, um hinter den Stuhl zu kommen. Dabei schwappt Wasser aus dem Eimer auf ein Hosenbein des Künstlers.

Der Schriftsteller scheint das alles nicht zu bemerken. Der Pudel presst drüben eine Wurst aus seinem schneeweißen Pudelarsch auf den Gehweg. Die Frau mit dem weißen Pelzmantel bückt sich zur Wurst herunter, um sie liebevoll in ein Papiertaschentuch einzuwickeln. Dabei öffnet sich der Schlitz am Pelzmantel hinten und – es ist nicht zu glauben – der Schriftsteller sieht eine Analogie, die er unverzüglich in Worte fassen muss!

Der Kellner Udo wringt den Lappen aus und wischt mit frischem Wasser unter dem Tisch weiter. Dorthin hat ein Kind seine Waffel-Tüte mit Eis verloren. Sie liegt mit der Spitze nach oben, das geschmolzene Eis läuft darunter aus.

„Wie ein eingemauerter Zauberer", meldet der Schriftsteller dem Kellner aus der Welt der Worte.

Eine Fliege hat schon drei Mal sein Manuskript unerlaubt angeflogen. Einmal auf das Wort „Pudel", einmal auf „Eimer" und einmal auf „Haare". Genervt nimmt der Schriftsteller sein Manuskript und zieht an einen von der Öffentlichkeit abgeschotteten Tisch ums Eck.

Beim Umziehen ist der nasse Fleck auf seiner Hose Gespräch bei den Gästen. Der Schriftsteller merkt seinen Makel nicht. Er hat heute eine Menge erlebt, genug Stoff für seine Geschichte. Eigentlich zu viel. Der Kellner bringt die halbvolle Tasse und seinen Kugelschreiber an den Tisch.

Beim Abräumen sieht er die Abdrücke der Schuhe des Schriftstellers, um die er wischte. Es sind die Zeugnisse eines Künstlers, der eine literarische Tat vollbracht hat, die vielleicht in die Geschichte eingehen wird.

Die Fliege ist an den neuen Tisch mitgeflogen und lässt sich wieder auf dem Schreibpapier des Schriftstellers nieder. Er versucht sie nun mit der Spitze seines Kugelschreibers aufzuspießen, aber sie fliegt immer weg. Es gelingt ihm, um sie herum einen Kreis zu zeichnen. Aber die Fliege versteht ihr Gefängnis nicht, das ihr der Schriftsteller errichtet hat, und summt einfach aus dem Kreis heraus.

Er ist ungehalten darüber, dass er mit seiner Schreibkunst wenig auf der Welt ausrichten kann. Ständig stößt er bei seiner Arbeit an Grenzen und kaum jemand versteht richtig, was er mit seinen Bemühungen beabsichtigt.

Er verlässt das Eiscafé. Herein kommt der junge Schreiber, der noch ein Richtiger werden will. Er möchte auf die Schnelle einen „Expresso" trinken. Express, das heißt schnell. Er setzt sich an den vormalig vom bekannten Schriftsteller besetzten Tisch.

Der Kellner Udo kommt und sagt: „Besetzt!"

„Wie? Ist doch alles frei", antwortet der junge Schreiber.

„Besetzt! Es sei denn, du passt in die Fußstapfen des großen Schriftstellers."

Passagen

Künstler und Künstlerinnen besuchen gerne Cafés. Dort haben sie Öffentlichkeit bei ihrer einsamen Arbeit an Worten, Farben und Tönen. Manche beginnen den Morgen mit etwas Geselligkeit und gehen in Cafés, um allein unter Vielen zu sein und ihre Gedanken zu schärfen.

Dafür gibt es in der Stadt Cafés, die eine besondere Ausstrahlung ausüben. Sie haben eine spezielle Lage, das Flair der alten Kaffeehauszeit, eine architektonische Bedeutung oder eine reizvolle Mischung an Besuchern.

Zwischen den Cafés der Stadt gibt es bestimmte Wege, die von Künstlern und Künstlerinnen gegangen werden. Da sie jeden Tag in beiden Richtungen beschritten werden, sind sie zu Passagen geworden.

In der Stadt Frankfurt gibt es neben dem Dom ein großes Café, dessen Räume wie in alten Zeiten großzügig hoch, groß und von Licht durchflutet sind. Dort stehen alte Tische aus Holz. Zwei davon werden nachmittags von poetischem Sonnenlicht verwöhnt. Nicht zu viel und nicht zu wenig, genau im richtigen Maß. Die besondere Atmosphäre lockt stadtbekannte Künstler und Künstlerinnen an.

Natürlich können nicht alle dort zugleich allein sitzen. Da fast alle dieser Zunft Humanisten sind, würde keiner zugeben, dass es Wettrennen auf den Passagen der Bockenheimer Landstraße, der Freßgass' und der Hauptwache um den Platz an der Sonne im Café gibt.

Ich treffe sie mit ihren Notizbüchern und dicken Malmappen unterm Arm, man verneigt sich über die Straße hinweg und freut sich über Gleichgesinnte. Man kennt sich nicht immer gut, man achtet sich als Kollegen.

Sitzt der Kollege auf dem Lieblingsplatz am Fenster im schönen Café, ist das mehr als ärgerlich. Die magische Nachmittagstimmung, die zum Ideenfeuerwerk führen soll, bleibt versagt. Der ganze Tag ist am Arsch.

Oft gewinne ich das Wettrennen mit einem lahmen Schriftsteller auf einer dieser Passagen. Wenn ich ihn vor mir sehe, erhöhe ich unauffällig meine Schrittzahl und überhole ihn mit verschmitztem kollegialen Gruß. Oder ich nehme die Abkürzung durch eine Gasse, um als Erster einen der magischen Tische im Café zu erreichen.

Man muss sich schon sputen, sonst ist das Licht futsch und die Worte verschwinden aus dem Kopf.

Aus heutiger Sicht kann ich nur sagen: Es tut mir leid! Wie konnte ich nur dem Schriftsteller die goldene Stunde mit seinen Worten stehlen und so eigennützig sein! Er ist neulich verstorben.

Das Ringen um Worte ist ein hartes Geschäft, ein Wettrennen gegen die Zeit.

„Gucken Sie nicht so blöde!", schimpft die schrullige alte Dame auf dem Stuhl mit geradem Blick nach draußen. Sie sitzt auf dem Wächterplatz, den sonst nur langjährige Stammgäste einnehmen.

Aus dem Mund der Dame grollen Worte, die durch ihr Gebiss verwässert werden und etwas zischen. Was sie sagt, hat sie nicht im Griff. Ihr Haar hängt spiralförmig vom Kopf. Das kleinteilige Blumenmuster ihrer Bluse ist im Brustbereich mit Bratensoße und Kaffee befleckt. Eine Kragenseite steht ab. Im Gastraum riecht es nach abgestandenem Schweiß.

Ein Schriftsteller und der Anarchist betreten das Café. Letzterer wirft lässig seinen Hut auf den Stuhl, fläzt sich hin und stibitzt eine Zeitung vom Nachbarn.

„Wie sehen Sie denn aus? Wie ein Lump! Kämmen Sie sich mal die Haare! Waschen Sie sich erst mal!", rollt es der alten Dame von der Zunge.

Im Gastraum tritt eiserne Stille ein, das Klima ist gefroren. Der Bordellbesitzer, der Anarchist und der maulstarke Lehrer senken ihre Köpfe devot und verstecken sich hinter ihren Zeitungen.

„Oh!", stöhnt der Anarchist und kichert.

Ein Widerstand könnte nur alles schlimmer machen, den ganzen Laden sprengen, zumal die alte Dame die Mutter eines berühmten Kampfsportlers ist, der einer Legende nach im Bahnhofsviertel eine üble Bande allein zerlegte.

Der oberlippige Kellner aus Südamerika mit ostpreußischem Akzent ahnt die mögliche Erhöhung der Eskalationsstufe und bringt ihr auf einem Teller ein kleines Stück Tiramisu (heißt: zieh-mich-hoch). Das Dessert aus Mascarpone und Löffelbiskuits ist schön weich. Für eine große Gabel ist auch gesorgt. „Beim Beißen und Kauen kann sie nicht viel anrichten", denkt der Kellner vorschnell.

Sie schaut ihn streng an.

„Wollen Sie mich vergiften?"

Sowohl ein sarkastisches Ja, als auch ein Dementi hätte fatale Folgen. Das spüren alle auf ihren Plätzen.

Sie gabelt ein Stück auf und schiebt es in ihren Mund. Die Gäste schauen über die Zeitungen hinweg, um das weitere Geschehen zu verfolgen. Einer bohrt auf der Politikseite ein kleines Loch durch Helmut Kohls Gesicht. Was braut sich da auf ihrer Lippe, auf ihrem Kinn zusammen, das schon mit Kakaopulver und Mascarpone verschmiert ist?

„Das ist wohl ein altes Reststück! Deswegen geben sie das mir wohl?"

Der Kellner schäumt lieber Milch hinter der Theke, bevor er selbst aufbraust. Er weiß, wie er die Dampfdüse im Milchtopf betätigt und so virtuose Klänge wie ein Musiker hervorbringt, der sein Instrument beherrscht. Er kann den Düsenjäger, den zahnärztlichen Speichelabsauger, den Dampfstrahlreiniger, den Dauerregen, den pfeifenden und den gurgelnden Wassertopf, das Ruhe einfordernde Psst!

Er setzt oft die Dampfdüse ein, wenn jemand nervt.

Neben der lautesten Kaffeemühle der Welt ist die Schaumdüse am Kaffeeautomat auf höherer Ebene im menschlichen Nervenkostüm wirksam. Das Geräusch aus der Schaumdüse zwirbelt im Ohr, raubt den letzten Nerv, zwingt Gäste an Löcher in den Zähnen und an die mögliche Wiederkehr ins vertraute Heim zu denken, aus dem sie gerade geflüchtet sind, weil die Putzfrau dort Herrschaft führt. Nun steht der Gast vor einem Dilemma. Er ist entwurzelt. Wohin soll er?

Die Zeitungen werden zur Seite gelegt, alle wenden sich hilfesuchend dem Treiben auf der Straße zu. Die alte Dame steht auf, läuft zur Theke und gibt dem Schaum schlagenden Kellner einen Fünfmarkschein, den sie die ganze Zeit wie eine Eintrittskarte in der Hand hält, um die Lokalität betreten und verlassen zu dürfen.

„Zweimarkachtzig", sagt der Kellner, „Zweizwanzig zurück!"

Er holt das Wechselgeld aus seinem großen schwarzen Portemonnaie und legt es in ihre Hand. Misstrauisch begutachtet sie die Münzen und schaut dem Kellner in die Augen. Hat er doch einen fremd aussehenden Oberlippenbart! Dabei ist es echtes Geld, gute Deutsche Mark, aber die Dame denkt wohl an die Reichsmark und den Reichspfennig. Dafür kann der südamerikanische ostpreußische Kellner nichts. Er kennt diesen fragenden Blick von Kunden und sagt „Auf Wiedersehen!"

Sie wirft ihre weiße Lederhandtasche um die Schulter. Auf ihrem Weg nach draußen niest ein Gast in die Luft. Sie ermahnt ihn, nicht den Rotz in der Nase hochzuziehen. Als Kranker solle er lieber zu Hause bleiben. Recht hat sie ja irgendwie.

Der Kellner räumt ihren verschmierten Teller und ihre Tasse ab und entdeckt einen unangenehmen Fleck auf dem Polster des Wächterstuhls, den er diskret nach hinten ins Labor bringt und dafür einen neuen hinstellt.

Wie werden die Gäste das Vakuum an Maßregelungen verkraften, jetzt, wo die alte Dame nicht mehr da ist?

Ein ganz Lieber

„Und? Was machst du heute so?", fragt mich Wolfgang am frühen Morgen. Dabei wachen wir alle gerade auf, sehnsüchtig auf den ersten Kaffee wartend. Der Schädel drückt, die Welt taumelt, Saures brodelt in den Eingeweiden. Ein Zuviel an Worten vom Kaffeehausgenossen könnte den langsam in Gang kommenden Denkapparat überfordern. Ich schaue durch die offenstehende Glastür auf die Einkaufsstraße, die ebenfalls im Erwachen ist.

Der Kehrwagen mit seinen gierig saugenden Rundbürsten brummt über die filigran verlegten Steine der Straße. Tchibo mahlt lauthals Kaffeebohnen. Kaffeetrinkende schlürfen am Stehtisch den Aufwecker und schauen zu uns herüber. Zwei Tauben laufen fahrlässig vor ein Auto, das bremst. Der Obsthändler schreit sein erstes „Zuckersüßetrauben" heraus.

„Frag doch nicht so laut! Weiß ich doch noch nicht, was ich heute mache!"

„Warum bist du denn so still. Hast du etwas?", fragt der Kellner Udo besorgt.

„Nein, bin nur müde und fertig. Ich kann mir heute nichts vorstellen, nach dem Gestern. Zwei Cappuccinos, einen Espresso und vielleicht noch einen Grappa hinterher. Oder was du willst. Die Hauptsache, es brennt."

Der Kellner lacht.

„Muss ja schlimm gewesen sein, was du erlebt hast. Ist jemand erschlagen worden? Oder die Freundin mit einem anderen im Bett?"

„Genau so was, bloß anders! Oh Mann! Bin total durch. Ich werd' nicht mehr, schaff's nicht in die Uni."

„Na, erzähl doch endlich mal!"

„Wenn das so einfach wäre! So was kann man nicht erzählen, weil es unfassbar ist, keiner glaubt's. - Oh, der Cappuccino tut gut! Udo, vielleicht doch noch einen Pandorino zum Eintunken, etwas Italien, Balsam, Venedig, nach faulem Wasser aus der Lagune riecht's von draußen eh!"

„Fang!", ruft Udo hinter der Theke und wirft eine Tüte mit herrlichem Backwerk herüber.

„Daneben, Mist! Voll ins Leere gegriffen. Bin ein Wrack!

Ich sitze gestern mit Sibille gemütlich beim Griechen, wie heißt er noch? Lazarus. Du weißt, der immer ins Eiscafé kommt. Und sein Kellner, der hier Toto-Tippscheine ausfüllt. Der... - jetzt fällt mir der Name nicht ein! Ist noch zu früh!

Also, schöner Vorspechenteller, Lamm, Demestika, Ouzo, auch zwischendrin. Ein Zweierabend, der hätte schön ausgehen können. Nach einer Weile kommt Riccardo ins Lokal, der malende Oberkellner aus dem Intercity-Restaurant im Hauptbahnhof. Der als italienischer Hans Moser Bekannte ruft von weitem ein lang anhaltendes 'Ah', eilt an unseren Tisch und erzählt von seiner Freude, uns zu sehen. Und, dass er mit seinem Bruder in Italien durch das Telefon Zeichen gesendet habe: 'Ein Mal klingeln lassen per Handy = Hallo, zwei Mal = Gute Nacht. Du weißt schon. So spare ich Geld!'

Und, dass er eine Postkarte an eine Frau in Hamburg schreiben will, an eine gewisse Belinda. 'Du meinst die zwei Meter große Blonde, die neulich mit dir im Café war?', frage ich Riccardo.

'Eine Walküre, ein bisschen. Was wir machen, ist immer ein wenig komisch', meint er schelmisch.

Er steht neben uns wie eine Säule und hört nicht auf zu quasseln. Seine Freude, uns zu sehen, ist unendlich. Als er sie auch an den Nachbartischen verbreitet, sage ich zu Sibille, dass Riccardo ein netter Mann sei, aber anstrengend. Um die Erhaltung unseres harmonischen Zweierabends bemüht, merke ich an, dass wir ihn freundlich abwehren sollten.

Aber Sibille liebt ja die ganze Welt, sie glaubt stets an

das Gute und die, die süß sind. Katzen, Hunde, freundliche kleine Männer gehören dazu. Ich sage noch: 'Nein. Lass ihn nicht sitzen, das geht böse aus.' Und sie antwortet vorwurfsvoll: 'Was du immer willst, Riccardo ist doch ein ganz Lieber!'

Und schwupps sitzt er bei uns. Endlos wiederholt er Erzählungen von einem Ast, den er auf der Straße gefunden hat, rot anmalen wollte, dann aber das Blau benutzte und, dass er den Ast wegbrachte, weil sein Mitbewohner immer sagt, die Farbe stinke. Aber der sei ja gar nicht da, ein halbes Jahr auf Schiffsreise. Der Postbote habe zudem geklingelt, weil der Nachbar nicht da war. Der war dann doch da, weil er in der Badewanne war.

'Wer? Der Mitbewohner?', fragt Sibille irritiert.

'Nein, der Postbote!', antworte ich frech.

Der Nachbar habe dann seinen blau angemalten Ast in Obhut genommen!

'Und warum?', fragt Sibille. 'Ich verstehe das nicht.'

'Weil der Ast riecht!', helfe ich mit einer Antwort aus.

'Aber der riecht doch auch beim Nachbarn!'

'Ja, aber nicht so!'

Sibille verliert den Faden des Gesprächs und die zugehörigen Nerven. Und da stehe ich mittendrin. Ich muss vermitteln, Sibille besänftigen und gleichzeitig zu Riccardo freundlich sein. Dabei habe ich die Situation nicht gewollt! Aber wer hört schon auf mich? Und ich denk´ noch, wenn eine Frau sagt, ein Mann sei ein 'ganz Lieber', da stimmt was nicht! Da passiert was!

Mittlerweile hören wir nur noch zu, denn Fragen unsererseits sind zwecklos. Seine Aussagen müssen einen höheren Sinn haben. Doch die Strategie stößt an Grenzen, weil uns bereits schwindlig ist. Ich sitze am Tisch, kaue blöd grinsend Oliven und taumele wie ein Betrunkener von seinen unendlichen Wortreihen.

Zuweilen habe ich das Gefühl, mich übergeben zu müssen. Beim besorgten Riccardo würde ein Gespräch darüber aber schmerzhafte Wort-Kaskaden über Krankheiten auslösen. Daher unterlasse ich es.

Sibille ist bereits total fertig. Ihre Augen sagen mir: 'Hilfe!' Ich schlage vor, in die örtlich anerkannte Weinstube *Schampus* umzuziehen, in der Hoffnung, Riccardo erkennt das Zeichen für einen geordneten Heimweg.

'Da komme ich mit!' Er freut sich und watschelt auf der Straße wie eine Ente hinter uns her, erzählend vom Postboten und der Postkarte, die er der Walküre schreiben will. 'Wie schreibt man ...?', fragt er: 'Ich möchte Ihnen besuchen? Und einen Geschenk schicken? Oder ein geschicktes Geschenk?'

'Was für ein Geschenk?', frage ich neugierig.

'Einen blauen Ast natürlich, einen modernen gekreuzigten Jesus!'

'Und mit dem willst du eine Walküre bezirzen?'

'Zirzen, Zitzen, Spitzen, Kitzeln, ha, ha, ha!'

Sibille versteht nichts mehr! In der Weinstube sitzen wir zu dritt an der Theke. Sie parliert mit der Betreiberin, die ihr Rettungsanker ist. Riccardo erkennt einige Flaschen hinter der Theke und verkündet, in Italien gebe es auch Wein.

'Ach was?', antwortet sie.

Riccardo erzählt von seinem blauen Jesus, den er am Tag gemacht habe und vom Postboten. Die Betreiberin stellt ein Tablett mit gefüllten Weingläsern zum Abtransport auf die Theke. Riccardo lobt das schöne Weinglas. Die Kellnerin und Sibille stimmen vorsorglich ein.

Aber damit ist es für Riccardo nicht getan. Als sie mit leeren Gläsern zurückkommt, meint Riccardo, ein anderes Glas sei auch schön.

Sibille scheint vor Erschöpfung im Sitzen zu schlafen,

ihre Lider haben die Augen geschlossen. Riccardo bemerkt das beim Reden und stupst ihr rhythmisch in die Seite. Sie erschrickt. Und schläft wieder ein. Er stupst sie wieder, sie fährt zusammen, aber von Mal zu Mal wird ihr Erwachen unmöglicher. Und so geht es den ganzen Abend. Ich sage nichts mehr, weil es keinen Sinn hätte. Man könnte Riccardo den Mund mit einer Mullbinde verschnüren, er würde durch die Binde dumpf weiter reden, halt wie ein Gefesselter.

Aber auch das würde dem 'kleinen Italiener' nichts ausmachen. Man könnte ihn im Klo einsperren. Er würde leise und freundlich nach Hilfe klopfen und sein Retter oder seine Retterin würde nach seiner rühmlichen Befreiung im Lokal Klage führen, welcher Unmensch diesen freundlichen, ganz lieben Mann eingesperrt habe. Das sei ja unfassbar.

So empfehle ich Sibille einen weiteren Ortswechsel. Es sei ja Zeit zu gehen, meine ich zu Riccardo. In der Hoffnung, dass der ältere Mensch den Abend langsam ausklingen lässt.

Er watschelt wie eine schnatternde Ente hinter uns her, das ist kaum zu glauben. Da er so klein ist, geht er unterhalb unseres Sichtfelds, und er verschwindet zuweilen. Er rudert mit den Armen beim Reden und schlägt Sibilles Handtasche von der Schulter, die im Bogen ins Gebüsch fliegt.

'Oh Manno', jammert Sibille und schaut mich vorwurfsvoll an. Ich bin wohl, ihren Blicken nach zu urteilen, schuld an allem. Wie kann ich nur solche lieben Leute kennen! Hätte ich das nicht verhindern müssen?

In der *Tangente* auf der Bockenheimer Landstraße ist sie absolut erledigt. Riccardo hat das Personal völlig im Griff und findet alles toll, was dort passiert. Schöne Stühle, schöne Aschenbecher etc. An der coolen Kellnerin prasselt das Geschwätz ab. Sibille liegt flach mit dem Oberkörper auf der Theke. 'Eh, heimgehen!', ruft die Kellnerin barsch, 'den Rausch zu Hause auspennen!'

'Bitte ein Taxi für mich allein', fordert Sibille.

'Was? Alleine?', fragt Riccardo. 'Eine Frau lasse ich nicht mitten in der Nacht allein nach Hause fahren!'

So, das ist meine Geschichte. Darauf einen Dujardin! Wenn du so was erlebt hast und solche lieben Menschen kennst, brauchst du nicht ins Kino!"

Das schwarze Bild

Der malende italienische Oberkellner Riccardo aus dem Intercity-Restaurant im Hauptbahnhof hat schon Peter O´Toole, Marcello Mastroianni und Sophia Loren in einem Londoner Spitzenlokal bedient. Er hat im Juventus-Club in Turin gearbeitet. Er weiß, wie man Gäste hofiert. Er erscheint mit einer Tüte vor dem Eiscafé. Darin sind Bilder, die er frisch mit Ölfarben gemalt hat.

In der Tür stehend, drängt es ihn zu einer Rede über ein ungeheuerliches Ereignis. Er habe in der Kategorie zwei gearbeitet. Eine berühmte Gästin aus der Kategorie eins wollte aber nur von ihm bedient werden, „dem kleinen Italiener", weil er so höflich und charmant sei. Gesagt, getan. Er bedient, steht da und sie schaut ihm beim Arbeiten zu, zwinkert und lächelt ihn an.

Er trägt zwei große Platten mit Entrecóte, Kalbsbraten und Saltimbocca auf den Armen. Schwer zu balancieren. Die Gästin aus der ersten Kategorie schreitet heran und stoppt ihn.

„Prego?", fragt Riccardo freundlich, denn er will heiß servieren. Sie steckt einen Zehnmarkschein tief in seine Hosentasche, nahe an sein Glockengeläut. Riccardo kommt mit den Serviertabletts ins Schwanken und jongliert Fleisch, Kartoffeln, Erbsen und Soße. Das Zügeln seiner männlichen Kräfte zugunsten der Bedienkunst verlangt ihm sehr viel Geschicklichkeit ab, zumal die fremde Hand aus seiner Hosentasche nicht weichen will.

Ob er sich nicht setzen wolle, frage ich ihn.

„Okay! Was trinken wir? Einen schönen Cappuccino?", freut er sich.

Warum er wirklich hier sei: Er habe in der Tüte etwas ganz Besonderes. Die Krippenszene mit Ochs und Esel, Maria und Josef und dem Jesuskind. Er habe die ganze Nacht daran gemalt, sie sei noch ganz frisch. Der Jesus sei praktisch erst geboren.

Er holt das Bild aus der Tüte und zeigt die unbemalte Rückseite. „Ich sage dir, da ist mir etwas gelungen!" Stolz darüber, dreht er es um. „Hier! Da ist es!" Wohlwollend teile ich seine Begeisterung und alle in der Nähe Sitzenden auch.

Er reicht sein Werk bei den Gästen herum, die schwarze Finger bekommen. Sie fassen sich auf die Stirn oder unters Kinn, sind schon schwarz hinterm Ohr.

Auf dem Wächterplatz halte ich das schwarze Bild in der Hand. Der Maler beschreibt es. Die Maria ganz nackt, der Jesus schon aus der Krippe blickend, der Esel geht aus dem Bild!

Riccardo pfeift wie ein kochender Wassertopf und macht mit dem Arm eine spiralförmige Bewegung in der Luft. Eine Menge Energie! Alles interessant. Aber wir können es nicht auf dem Bild sehen, weil es nahezu schwarz ist.

„Das ist ja ganz schwarz", sage ich zu Riccardo.

„Meinst du?"

„Ja, meine ich schon."

Ich ernte Kopfnicken der Stammgäste, die schwarze

Flecke im Gesicht haben.

„Ich habe viele Farben genommen, immer wieder neu übermalt!"

Die inspirierten Gäste spielen „Schwarzer Peter" und beginnen sich gegenseitig die Ölfarbe mit Hilfe von Taschentüchern abzuwischen. Die ergiebige und lichtechte Farbe verteilt sich durch den kollektiven Versuch der Entfernung umso mehr und zeichnet Linien und Flächen in die Gesichter. Im Nu sehen alle in der ersten Reihe wie Pestkranke aus. Hereinkommende Gäste drehen sich auf dem Absatz um und suchen das Weite. Riccardo befragt sein schwarzes Werk, was er getan habe. Er habe doch nur gemalt!

„Welche Magie in meinem Jesus steckt", meint er, sagt aber „Maggi", wie die Würzmischung aus dem gleichnamigen Haus. Schnell vervielfältigt sich das Gerücht, alle hätten Maggi im Gesicht. Die ersten probieren die Farbe und haben sie auf den Lippen und der Zunge. Ein Student der Medizin, eigentlich ein Zeichner, kommt herein und analysiert das Phänomen der schwarzen Zunge.

„Lingua nigra", die schwarze Haarzunge, diagnostiziert er.

„Jesus Maria", poltert Riccardo. „Ich habe ja zum Glück noch ein zweites Bild: Die atomische Explosion von Tschernobyl."

„Nein danke", flehen die Kaffeehausgäste, die aufstehen und eilig zahlen. „Nein, lieber Riccardo, das heute nicht auch noch!"

Obst macht die Mark

Der Obsthändler schreit aus Leibeskräften „Kielo Erdbärn eine Marrk" wie ein Mantra. Es ist eindeutig Erdbeerzeit. Er macht eine Pause, geht ins Eiscafé, trinkt einen Kaffee oder einen schwarzen Tee, allein oder mit seinen Freunden.

Sie machen viel Zucker in das Getränk und rauchen in einem fort Zigaretten. Die Glimmstängel machen Rauchzeichen, die auf neue Obst- und Hausgeschäfte hinweisen.

Kurz darauf schreit der Obsthändler wieder das magische Wort „Erdbärn" auf die Leipziger Straße. Der Schrei klingt lustvoll und schmerzlich zugleich, Hoffen und Bangen steckt in ihm. Die Familie des Ausschreiers lebt von den vehementen Aufrufen, Obst und Gemüse zu kaufen.

Der grün angestrichene und schräg aufgebaute Verkaufsstand ist voller Erdbeeren in allen Größen. Es ist heiß und der Obsthändler kämpft gegen den Verderb der Ware mit rauer Stimme. Je lauter er schreit, desto mehr verkauft er und weniger verdirbt. Er reicht einer Dame im blumengemusterten Kleid eine Erdbeere zwischen Daumen, Zeige- und Mittelfinger wie ein edles Schmuckstück, wie den Kopf einer seltenen Rose.

Beißt eine Angebetete an, findet sie gar den Anblick seiner schwieligen Finger anziehend männlich, reißt der Obsthändler eine der spitz nach unten zulaufenden Papiertüten vom Faden ab, die seitlich des Standes an einem Nagel hängen. Manchmal, wenn gar nichts hilft, setzt er die Tüte wie einen Zauberhut auf den Kopf. Verkauft er Kirschen, behängt er seine Ohren mit einem Kirschenpaar.

Das war's auch schon an Lustigkeit. Auf eine Schippe

schiebt er Erdbeeren und schüttet sie in die Tüte. Manche zerquetschen dabei. Die Frau im blumengemusterten Kleid moniert das nicht. Gequetschtes ist der natürliche Lauf der Dinge. Einige Erdbeeren haben unreife Stellen, zwei Nasen oder sind zu klein, groß oder unförmig. Es ist günstige Ware von der Markthalle.

Der Obsthändler raucht ratlos Zigaretten und wartet seit einiger Zeit auf Kundschaft. Ohne Anlass purzeln Erdbeeren auf dem schrägen Tisch herunter. Er pfeift einer Frau hinterher, die einen engen Rock trägt. In seiner grünen Schürze sieht der Obsthändler aus, als müsse man ihn durch den Kauf von Erdbeeren vom Schicksal des Wartens befreien.

Auf die Handwaage stellt er ein Gewicht und tut überrascht. Der junge schlanke Kunde will genau ein Kilo Erdbeeren kaufen. „Darf es etwas mehr sein?" Der Obsthändler bietet ein Pfund von den Pflaumen an, für zwei Mark dazu.

„Sie sind aber so weich, dass sie platzen. Die Würmer wohnen schon darin. Die Wespen summen, landen auf den Pflaumen, aus denen gegorenes Fruchtfleisch quillt. Die Viecher steigen wie kleine Hubschrauber auf", meint der junge Mann.

Der Obsthändler ist ein Geschäftsmann und hat Größeres vor. Wie alle, die im Café sitzen. Sie haben vor, aus ihrer Haut zu schlüpfen, am besten im Lotto zu gewinnen, das wäre das Bequemste.

Ohne jeglichen Aufwand und Bewegung sich zu verbessern, ohne Kraft zu verschwenden, das wäre der Königsweg. Den Obsthändler, der auch mit Häusern zu tun hat, macht das Obst vermögend und so schreit er jeden Tag die Mantren „Erdbeeren", „Pflaumen", „Kirschen" und „Bananen".

Das Mitgebrachte

In letzter Zeit bringen Gäste aus dem Laden einer neu eröffneten Bäckereikette Stückchen ins Eiscafé mit. *Amerikaner* oder *Schnecken* stecken in bunten Papiertüten, die mit dem Namen des Geschäfts bedruckt sind. Verstohlen schaut beim Essen aus der Hand ein angebissener *Amerikaner* oder eine aufgewickelte *Schnecke* aus der Verpackung.

Die Gäste des Eiscafés verdecken schuldbewusst mit der Hand das Gebäck und beißen, von der Allgemeinheit weitgehend unbeobachtet, mit fletschenden Zähnen hinein. Zuweilen winden sich heimlich Essende für diesen Vorgang schamhaft zur Wand. Das fällt natürlich dem aufmerksamen Kellner auf. Da hätte der Gast gleich unverblümt ins Herz der *Schnecke* beißen können!

Manchmal täuschen Gäste vor, im Rucksack etwas zu suchen. Scheinheilig stecken sie ihren Kopf ins Innere und schnappen sich dort einen Brocken vom *Amerikaner*. Aus dem Sack wieder geschlüpft, kauen und schlucken sie gespielt beiläufig und klammheimlich. Sie wollen den verärgerten Kellner besänftigen, dessen Kopf vor Wut bereits gefährlich errötet.

Das Gebiss des Gastes zerfleischt die Backware. Auf der Zunge erweicht sie und verteilt sich im Mund. Der Unverhohlene birgt mit dem Fingernagel Essensreste aus den Zwischenräumen seiner Zähne. Sein nächster Griff in die Tüte gilt zerbröckelten Stücken vom Schneckenkringel.

Ein versonnener, entrückter Guck in die Luft und auf die Bilder an der Wand soll den Kellner ablenken.

Der hungrige Gast sucht nach weiteren Bruchstücken in der Tüte. Zum Verdruss anderer Gäste knistert das Papier schon lange nervtötend. Zuckerguss klebt im

Mundwinkel des Essers. Niemand will ihn auf seinen Makel hinweisen.

Splitter fallen auf den Wulst seines Hemdes am Bauch. Der Gast faltet die Papiertüte zusammen. Ein, zwei, drei Mal. Ein Würfel ist entstanden, der im Aschenbecher landet, wo er nicht hingehört. Geheime Kräfte entfalten ihn und in Zeitlupe bäumt sich die Tüte zu einer Schlange auf.

Das Schauspiel entgeht den Zeitungslesern nebenan nicht. Das Knistern der Tüte, luftschnappende Beißen, Würgen und Schlucken des illegalen Essers nervt schon eine Zeit.

Das Verzehren von außen herangetragener Speisen wird zum lautstarken Thema des Kellners, der wieder einmal auf seinen selbstgebackenen Käsekuchen hinweist und die auferstandene Tüte vom Billigbäcker aus dem Aschenbecher beseitigt, bevor die glimmende Zigarette ein Feuer entfacht.

Witz vom Vogel und der Schlange

Der Kellner steht vor der Eingangstür und raucht eine Zigarette. Er schaut die fast menschenleere Straße entlang, schnippt den Stummel auf die Straße und atmet lautstark die Mühe eines Tages aus.

Es könnte am Abend noch jemand kommen, der einen Espresso, ein Wasser oder einen Schnaps trinkt. Vielleicht ist ein Kind dabei, das von der geschiedenen Frau für einen Tag dem Vater überlassen wurde. Er könnte ein riesiges Eis für acht Mark bestellen oder eine Limonade, die das Kind nur halb austrinken würde. Das Glas würde vor Ungeschick umfallen und der Vater ein gutes Trinkgeld geben, eine Schachtel Zigaretten am Automat ziehen und vorm Verlassen des Eiscafés den Abend mit einem Grappa abrunden.

Drei späte Stammgäste lassen den Tag im Eiscafé miteinander ausklingen. Anton, Susanne und ich.

Anton, ein brillanter Anwalt, Denker und Schalk, erzählt uns einen schön dummen Witz, den er selbst für sehr lustig hält. Er erzählt den Witz, wie er ihn schon einmal anderen erzählt hat, weil der Witz des Witzes auch durch die Vorgeschichte witzig ist.

Anton erzählt einem Mann und einer feinen Dame einen Witz auf einer Berghütte.

Die Schlange trifft den Vogel. Fragt der Vogel die Schlange: „Und wie geht's dir so?"

Die Schlange antwortet: „Naja, ich schlängele mich so durch! Und du?"

Anton wartet auf ein Lachen. Aber nichts passiert! „Verstehe ich nicht", sagt die feine Dame.

„Okay", sagt Anton. Er erzählt den Witz noch einmal:

Die Schlange trifft den Vogel. Der Vogel fragt: „Und wie geht's dir so?"

Die Schlange antwortet: „Naja, ich schlängele mich so durch! Und du?"

Nach einer kleinen Pause erkennt die feine Dame das Schlüpfrige am Witz und sagt zu Anton: „Du Schwein!"

Zurück ins Eiscafé. Anton erzählt den Witz vom Vogel und der Schlange.

Die Schlange trifft den Vogel. Der Vogel fragt die Schlange: „Und wie geht's dir so?"

Sagt die Schlange: „Naja, ich schlängele mich so durch! Und du?"

Susanne und ich lachen laut. Selbst Anton lacht mit, weil es sein Lieblingswitz ist. Susanne lacht besonders laut. Ich kenne sie gut und mutmaße, dass sie einfach nur mitlacht, weil wir lachen. Ich glaube, sie hat den Witz nicht verstanden.

„Hast du den Witz verstanden, Susanne?"

„Ja, ja - klar!" Sie lacht immer weiter.

Da fragt Anton, als Anwalt auch in eigener Sache zu Wahrheit und Recht verpflichtet, mit gespielt kindlicher, naiver Stimme Susanne: „Na, was macht denn der Vogel so?"

„Zwitschern", antwortet Susanne.

Und wir beiden Männer lachen, mehr als der Witz uns bisher schon Anlass gab. Und Susanne auch, ohne den Witz verstanden zu haben.

Die Pechvögel

Man munkelt über die Männer hinten am Tisch, dass sie in den Kellern des Stadtteils verbotenes Poker spielen.

So manch einer hat sein Vermögen, sein Restaurant und seine Ehe verspielt. Wie in einem Klischee-Film schmeißen sie Ouzo-Runden. Ein Schmaler mit kantiger Brille raucht eine dicke Zigarre. Eisbecher und Kaffee schmecken den Gästen nicht mehr.

Eine junge Mutter mit ihrem Sohn im Kinderwagen klagt über den Rauch, hustet demonstrativ laut und erhält kein Verständnis, sondern die Empfehlung, sich woanders hinzusetzen. Das ist nicht freundlich. Außerdem sprechen die Männer laut und streiten, was das Zeug hält.

„So sind sie halt", sagt eine Rentnerin, die ihren Dackel mit Speiseeis füttert. Sie vertreibt mit der Hand den Qualm, raucht dabei selbst eine Zigarette. „Müssen wir beide uns das bieten lassen, Freddy?"

Ich erzähle ihr eine wahre Geschichte über die Männer. Nicht die von Philosophen wie Platon, Aristoteles, Thales oder Parmenides, sondern die von Neugriechen, die vor der Militärjunta bis 1974 geflüchtet sind.

Ein paar davon wollten kürzlich besonders schlau sein, was die Beschaffung von Geld betrifft.

Bei einer spielfreudigen Runde beschlossen sie, das Glück in die Knie zu zwingen. Sie legten viel Geld zusammen und tüftelten ein nach ihrer Meinung geniales System für das Lotto mit 49 Zahlen aus. Mit der Brechstange wollten sie reich werden. Von den 49 Zahlen kreuzten sie auf Systemscheinen die Hälfte an. Und wären die sechs Richtigen unter diesen Zahlen gewesen, hätten sie sich die gemeinsame Million teilen können.

Sie traten den tapferen Kampf gegen die Statistik an, fühlten sich stark wie Herkules. Aber die Götter wollten es nicht. Die sechs gezogenen Zahlen waren in der anderen Hälfte. Nichts war richtig.

„Das hast du dir nur ausgedacht", sagt die Rentnerin zu mir. „So dumm kann doch keiner sein!"

„Ja", antworte ich, „irgendeiner hat sich das ausgedacht!"

Avanti Diwan

„Presto presto Espresso!", ruft atemlos der füllige, forsch auftretende Antik-Möbelhändler beim Betreten des Eiscafés, als wolle er es wie ein Seeräuber kapern und aus Zeitgründen gleich wieder verlassen.

Der Kellner gibt Kaffeepulver in den Filterlöffel, presst ihn und passt die Zange in den Kaffeeautomaten ein. Er drückt den Schalter. Es brummt. Der Kaffee fließt. Der Kunde ist Österreicher, der etwas vom Kaffee versteht.

Er sitzt auf dem ersten Stuhl am Eingang hinter der Glastür und steht wieder auf. „Ich muss in den Laden!", heißt stets sein Mantra: „Presto, presto!"

Der Espresso kommt fix, er schlürft hastig einen Schluck. Bevor er den Rest des spärlichen Getränks in seinen Mund schüttet, sage ich: „Haste nicht ein Sofa für mich, ich hab ´ne leere Wohnung!"

Er wittert ein Geschäft und seine Hektik ist wie weggeblasen. Die blauen Augen im erhitzten Gesicht funkeln. „Ich hab da einen alten Diwan, den könnt ich dir neu stopfen, etwas erhöhen und an einer Seite ein ausklappbares Fußteil bauen!"

„Mach mal", sage ich. „Aber presto presto!"

„Was hör´ ich da, ´ne Diva?", wirft der schelmische Radschrauber neben uns frech ein.

„Mein Pole arbeitet schnell, aber er ist ja kein Roboter!"

„Na, dann halt piano piano!"

Gelächter von den Bänken.

„Ah, Rachmaninow!", blökt der fahrradverrückte Schrauber, immer mit Maschinenöl unter den Fingernägeln und mit gespitzten Lippen.

„Was? Rachitis?", fragt die schwerhörige Rentnerin. „Wer ist krank?"

Zwei Wochen später kommt der Antik-Möbelhändler wieder ins Café.

„Presto presto Espresso!"

„Diwan piano?", frage ich nach dem Verbleib meines Möbelstücks.

„Fatto!"

„Prima!"

„Ich trage den Diwan mit meinem Polen zu dir nach Hause!"

„Ist das nicht ein bisschen weit und schwer?"

„Ach! Die paar Meter – ist ´ne leichte Übung."

Ich laufe hinter den beiden Trägern meines Diwans

her. Es geht über die Einkaufsstraße am Kaufhof vorbei.

„Wo lauft ihr denn lang? Ich wohne nicht mehr bei meinen Eltern", werfe ich nach einer Zeit ein.

„Was? – Mist. Dann müssen wir das Auto holen. Bleib du hier."

Seitdem sitze ich vor den Mülltonnen eines Häuserblocks auf dem Diwan mit altgrünem samtigen Stoffbezug. Einige Gäste des Eiscafés kommen vorbei und fragen, was ich hier mache.

„Vor allem sitzen und gucken", antworte ich.

Ob ich zuhause rausgeflogen sei oder eine Kunstaktion mache!

„Nein", antworte ich, „ich warte wie immer auf meinen Cappuccino. Aspettare – Warten. Das halbe Leben besteht aus Warten und Schlafen – daher der Diwan."

Der Kaffeehaus-Hades

Alfred hat seinen Kaffee getrunken, ist vom Stuhl aufgestanden und hat drei Mark auf den Tisch gelegt. Wortlos schleicht er an der Theke des Eiscafés vorbei und geht nach Hause.

Dann kommt die Sache mit dem Hades. Er legt sich nach dem Abendbrot ins Bett, weil ihm übel ist, so wie ihm immer mal seit Jahren übel ist. Er schläft ein, wacht morgens auf und ist tot.

Alfred gehört nicht zum erlauchten Kreis der geselligen Kaffeetrinker, die im Vorderbereich parlieren. Er fällt nicht durch besonderes Charisma, hohe Bildung oder versierte Redekunst auf.

Er ist ein ganz normaler Fabrikarbeiter bei VDO und hat in seinem Leben viel geschafft. Er hält sich für nichts Besonderes, was heutzutage schon was Besonderes ist. Er steckt sich eine Zigarette an, schlürft wortlos einen Kaffee und guckt in die Luft.

Alfreds Tod löst in der Kaffeehausrunde keine Bestürzung aus. Er hinterlässt keine Lücke. Sie nehmen von seinem Ausscheiden als Kaffeetrinker nur kurz Notiz. Eine Frau meint, das Rauchen hätte seinen Tod erzwungen. Schließlich habe er die ganzen Wände im Eiscafé vollgequalmt.

Man begnügt sich in der Kaffeerunde mit der einfachen Begründung zum Tod des Mittrinkers, so als gäbe es keine komplexen Zusammenhänge. Dabei hatte man das in aufreibenden Gesprächen, Reden und Diskussionen vehement eingefordert. Man war sich einig, dass alle Ereignisse dieser Welt nicht einen einzigen Grund haben, dass keine absolute Folgerichtigkeit besteht und es keinen bewiesenen Determinismus gibt.

Alfred sitzt ziemlich tot auf der Bettkante. Ihm ist immer noch schlecht. Soweit hat sich nichts geändert. Das Elend nimmt kein Ende. Er will seine Kleider anziehen und ins Eiscafé gehen. Er meint, zu spät zu sein und befürchtet, dass sein Tisch besetzt ist.

Er wird es auf alle Fälle versuchen, um sich dort von den Mühen seines Daseins auszuruhen, und in die Luft schauen.

Gute schlechte Laune

„Willst du mir unbedingt die schlechte Laune verderben?", fragt Franz die fröhlich gestimmte Frau, die pfeifend und singend über die Stufen ins Eiscafé herein springt.

Im Zeitalter des postulierten Positiven Denkens ist er für mich eine Wohltat und bildet mit der schlecht gelaunten Kellnerin ein Bollwerk gegen alle Schönredner und Schönrednerinnen.

Philosophen waren schon zu Sokrates Zeiten Skeptiker, die alles Hergebrachte in Frage stellten. Skeptiker sind aber nicht nur fundamentale Zweifler. Sie beleuchten gerne die Dinge von allen Seiten nach ihrer Beschaffenheit. Die systematisch positiv denkende Frau am Nebentisch ist daher für den Skeptiker und den Misanthropen philosophisch gesehen unvollkommen.

Genau wie das Schöne, das Unvollkommenste, was es gibt. Wenn es keinen liebenswerten Mangel hat, fehlt es an Harmonie aus der Palette gegensätzlicher Eigenschaften.

Der sogenannte „Knorz" im Café ist ein Bündel aus schlechter Laune, Zweifel, Enttäuschung und Skeptizismus. Er lässt wenig davon nach draußen. Er schimpft nie. Höchstens brummt oder knurrt er mal, mault störrisch, wie es Esel machen.

Meistens ist es ein alleinstehender Herr, der sich im Eiscafé von allem Möglichen gestört fühlt. Spielende Kinder, der Hustenanfall eines Gastes, ein lautes überschwängliches Lachen. Ein Telefonat des Kellners. Er schaut dann grimmig.

Im Grunde kommt er deswegen ins Eiscafé, weil er diese Ereignisse liebt, bloß im Negativen.

Der Fotograf

Sein Gesicht schwitzt nicht von der Hitze. Es ist grau und fettig. Vor ihm steht ein Glas Weißwein auf dem Tisch. Er schaut nichts Genaues an und redet. Er kommt aus seinem Fotoatelier und macht eine Pause.

Ein junger Mann sitzt an seiner Seite. Es wird gemunkelt, der Fotograf habe eine Hazienda in Südamerika an den Alkohol verloren. Aber was man nicht alles erzählt! Besonders bei einer Berühmtheit, da stellt sich jeder was Anderes vor. Manche kennen den Star nicht, weil ihnen Fotos gleich sind, und bestreiten seine Leistung. „Der will berühmt sein?", fragen sie.

Sie meinen, er habe die Geschichten in den Zeitungen selbst erfunden, er würde sich nur aufblasen. Und aus lauter Angeberei Weißwein in sich rein schütten, tagsüber, wenn andere Leute was „Richtiges" arbeiten. Der Durst ist es jedenfalls nicht. Der Alkohol betäubt ihn, aber wohl schon lange nicht mehr so, wie gewünscht.

Er hilft, dass er für Momente wieder der Mensch wird, der er einmal war. Der Kellner bringt das zweite Glas Wein. Es gibt nur eine Sorte. Aus der großen schweren Zwei-Liter-Flasche gießt er ihn hinter der Theke ins Glas. Der Vorrat ist gesichert.

Unter den abfälligen Blicken der Rentnerinnen und besorgten Mütter, die sich um Leib und Seele ihrer Nachkommen sorgen, spricht er über ein Fotoarrangement mit dem jungen Mann an seiner Seite.

Prinzessin

Wie eine schöne Prinzessin schreitet sie auf uns zu, ihr Rock weht vom flotten Gang. Sie hat nasse Hände und reibt sie aneinander.

Wir in der Jury sitzen seitlich vom Laufsteg auf unseren Plätzen. Statt Tafeln mit Punkten für die Kür und die Pflicht, erheben wir die Kaffeetassen.

Zuerst der Sozialarbeiter, dann der Taxifahrer, der Skeptiker und der Maler. Der italienische Rentner schafft es nicht, weil sein Mund offensteht und die Biologie-

Studentin tut so, als bemerke sie nichts. Sie findet unsere Arbeit schamlos.

Dabei kommt die schreitende Prinzessin von der Toilette und hat sich frisch gemacht für ihre Untertanen.

Es ist ein heißer Nachmittag im Sommer. Wir haben schweres Essen zu Mittag beim Italiener nebenan eingenommen. Pizza, Nudeln mit fetter Soße.

Nun drückt der Körper von innen als will etwas raus, obgleich erst etwas reingekommen ist. Ein schöner Espresso im Eiscafé Cortina schafft Abhilfe. Sein Bitteres ist guter Geschmack und Medizin zugleich. Bittere Medizin wirkt ja bekanntlich am besten. Zuweilen hilft auch ein Schuss Grappa darin. Die Damen bevorzugen den Sambuca, der das Dolce Vita des Nachmittags nahtlos einläutet.

Die Prinzessin ist noch nicht ganz an uns vorbei. Wir auf den Plätzen sind mit unseren Analysen längst nicht fertig. Der italienische Rentner mit dem malerischen Oberlippenbart stellt vor Staunen seine Tasse neben den Unterteller.

Wir haben die Frau hier noch nie gesehen. Die Absätze ihrer Schuhe pochen auf dem weißen Steinboden. Wer ist sie? Eine Messegästin? Eine, die im Kaufhof shoppen will? Sicher nicht. Sie will bestimmt über die Leipziger Straße schlendern und die Damenboutiquen besuchen, danach ein halbes Pfund Kaffee bei *Eduscho* oder der Rösterei *Stern* erwerben und sich in ihr Heim im Vordertaunus begeben.

Jetzt fällt mir was ein: Sie könnte die Frau eines berühmten Verlegers sein. „Unsinn", heißt er, glaube ich.

„Was für ein Unsinn!", meint der Rentenberater vom Nebentisch.

Die Prinzessin ist an uns vorbei. Und plötzlich sehen wir das große Malheur, das Unfassbare, die Sensation überhaupt. Wir sehen, dass ihr Faltenrock über dem Gesäß in der Strumpfhose steckt.

Dem Taxifahrer fällt der Löffel aus der Hand, die Biologie-Studentin wird knallrot. Ich bin einfach nur baff. Wie schnell es einen aus der Bahn wirft, der sich alle Mühe gab, perfekt zu wirken. Unser Tisch schwankt zwischen Schadenfreude und Scham. Wir sind stumm uneinig, ob wir die Prinzessin auf den Makel ihrer sonst kompletten Erscheinung aufmerksam machen sollen. Einige glauben, dass es uns nicht zustehe, jemanden auf so etwas Intimes hinzuweisen. Andere denken, ihre gehobene Art solle auf der Straße ruhig zum Spott werden. Die Biologie-Studentin fordert, man müsse es unverzüglich sagen, ohne Ansehen ihrer Herkunft.

„Dann sage es ihr, du bist eine Frau!"

„Ich traue mich nicht!"

Sie läuft ihr nicht hinterher und zieht einfach den Rock aus der Strumpfhose.

Die Prinzessin bezahlt beim Kellner an der Theke ihren Espresso, den sie beim Hereinkommen an der Theke bestellt hat und trinkt ihn aus. Der Kellner sagt: „Sie haben da was HINTEN!"

„Wo?"

„Na hinten, wo ist denn HINTEN?"

„Am ARSCH, wollte ich ihr eigentlich sagen!", ruft der Kellner zu uns herüber, als sie fortgegangen ist. Wir müssen alle lachen.

Diskussionen über HINTEN und VORNE sind in unserer Runde. „Wäre sie zum Beispiel rückwärts von der Toilette in den Gastraum gegangen, wäre ihr Hinten vorne gewesen", meint der junge Maler, der wie Van Gogh aussieht. „Von oben betrachtet", meint der Rentenberater, „gibt es überhaupt kein Hinten und Vorne, was die Ordnung der Welt völlig auf den Kopf stellen würde."

Bittbrief

Im Eiscafé will Heiko endlich den Bittbrief an die Mutter schreiben. Es geht um eine Reise nach Italien. Um Geld.

Nachdenkend sitzt Heiko auf dem Stuhl mit Blick auf die Straße. Im Beisein seiner Kaffeehausgenossen holt er seinen Kugelschreiber aus der Jacke.

Zuhause war er einfach nicht ganz beieinander. Dort, wo er sein Nachtlager hat, Zähne putzt und jeden Tag das Gleiche tut. Mit der Tasse Cappuccino in der Hand, unter Beobachtung Fremder und Bekannter, wird es vielleicht ein Brief an alle Mütter dieser Welt. Heiko schaut in die Luft und lutscht an seinem Stift.

Hier könnte sein Brief auch zur Weltliteratur werden. „Der Brief an die Mutter", der würdige Nachfolger von Franz Kafkas „Brief an den Vater".

Seine vom Nutzen getriebene Sicht auf den Bittbrief ändert sich schlagartig. Er denkt literarisch, sucht nach schönen Worten. Die ohrenbetäubende Kaffeemühle, die Stimmen der Gäste, der Kaffeegeschmack, ein plärrendes Kind wegen einer heruntergefallenen Tüte Eis an der Theke, alles fließt ungebeten in seine Gedankenwelt beim Schreiben mit ein. Plötzlich will er nicht mehr bitten. Er lobt die Mutter.

Ein Kaffeehausgenosse spricht von seiner Mutter, von Müttern an sich, die Söhne gewaltig beschäftigen können. Heiko und der Muttergeschädigte planen zusammen nach Venedig zu fahren, um dort eine neue Weltsicht im Angesicht des Canale Grande zu erlangen.

Heiko sitzt schon zwei Stunden und plaudert. Das Erwachen durch Koffein schlägt in Müdigkeit um. Heiko verlässt das Café, ohne den Brief fertig geschrieben zu haben. Morgen geht es schon los, der Freund aus dem Café lädt ihn zur Fahrt nach Venedig ein.

Der Nachahmer

Im Sommer kam Konrad mit einem Stern an einer Halskette ins Eiscafé. Erstaunt fragte ich, ob er der jüdischen Religion anhänge. „Ja", antwortete Konrad. „Das ist dir noch nicht aufgefallen?"

Einen Tag später kam er mit einem weit ausgeschnittenen T-Shirt ins Eiscafé. Am Hals hing eine Kette mit einem christlichen Kreuz.

„Ich dachte, du bist jüdischen Glaubens", fragte ich.

„Nein", antwortete er, „ich bin schon immer Christ!"

Ich war beeindruckt, wie schnell er konvertierte. Aus Gesprächen kannte ich ihn eher als religionslos und dem Atheismus zugewandt.

Ich erzählte vom Brief an meinen verstorbenen Vater, an dem ich schrieb. Er hatte das Unsagbare zwischen Vater und Sohn zum Inhalt.

Die Idee von einem Brief an den Vater faszinierte ihn. Ich erzählte von Vaters Strenge bei der Erziehung, der Disziplin und dem Lernen für die Schule mit ihm.

Am anderen Tag kam Konrad nervös ins Eiscafé, bestellte einen Kaffee und steckte sich eine Zigarette an. Er sprach davon, sehr erschöpft zu sein. Die ganze Nacht habe er an einem Brief an seinen unbekannten Vater geschrieben.

„Schön", antwortete ich. „Dann hat dich mein Text zur Arbeit inspiriert?"

„Nein", antwortete Konrad unwirsch, „ich arbeite schon seit Wochen am Thema Vater und Autorität."

Ein paar Tage vergingen, der Herbst hielt Einzug. Ich trug eine neue Jacke, die ich mir im Kaufhof geleistet hatte. Es war eine gesteppte, rote Jeansjacke. Sie gefiel Konrad. Er war richtig eifersüchtig. Er fragte, wo ich sie her habe und was sie koste. „Es ist ein Sonderangebot", log ich, damit er nicht litt.

Am nächsten Tage kam Konrad mit der gleichen roten Jacke ins Eiscafé. „Oh“, sagte ich, „hast du sie auch gekauft?“

„Ja“, sagte Konrad, „es war ein Sonderangebot.“

Ich war verwirrt. Hatte er etwa wirklich die teure Markenware als Schnäppchen bekommen?

Langsam fühlte ich mich von seinen Nachahmungen verfolgt. Ich hatte fortan Bedenken, im Eiscafé etwas von mir zu erzählen. Denn am anderen Tag beanspruchte Konrad die Erzählung für sich.

Ich las einen Artikel in der Zeitung über eine Marcel-Duchamp-Ausstellung, die in Venedig stattfand. Ich sagte, dass ich gerne dorthin fahren wolle. Konrad behauptete sofort, er sei schon dagewesen. „Wann?“, fragte ich. „Vor ein paar Wochen“, antwortete er.

„Aber die Ausstellung ist doch erst am Wochenende eröffnet worden. Das steht hier in der Zeitung. Da!“ Ich deutete mit dem Finger auf den Artikel, die Druckerschwärze sei praktisch noch frisch.

Ich war gespannt, welchen Einwand er gegen die gedruckte Wahrheit vorbringen konnte. Er antwortete: „Ich meine ja auch eine ganz andere Ausstellung.“

Ich fragte: „Welche denn?“

„Was du auch immer wissen willst, ist das etwa ein Verhör?“

Seitdem bleibe ich sparsam mit Aussagen über meine Vorhaben. Von Menschen wie ihm lernte ich, aus meinem Leben ein Geheimnis zu machen.

Der Schriftsteller und die Leere

Am Sonntag ist das Eiscafé fast leer. Der einsame Gast betrachtet aus Verlegenheit oder Muse das Mobiliar. Die Kellnerin wischt vor seinen Augen mit feuchtem Lappen die Tische, entfernt kreisrunde Ränder von Gläsern und Wasser- und Limonadenflaschen. Heruntergetropftes und Getrocknetes aus Eisbechern mit Sahne, das schwer zu reinigen ist.

Auf den Tischen gibt es Spuren von mannigfaltigen Versuchen, die Döschen mit Kaffeesahne zu öffnen. Manche Spritzer landen nach dem fixen Aufziehen der Lasche im Gesicht der Gäste. Andere schießen wie Pfeile auf Kleidung und an Wände. Stürmische Gäste durchstoßen die dünne Haut der Abdeckung mit dem Fingernagel, was oft ins Auge geht.

Der Betreiber reinigt die Theke. Er weist seine Angestellte an, die Eisschalen aus dem Regal zu nehmen und die Gläser, das Regal und die dahinter angebrachte Spiegelwand zu reinigen. Weil jetzt genug Zeit ist.

Mit der Sprühflasche geht er selbst zu Werke. Mit so viel Muse, dass sich jeder Zuschauer ein Beispiel daran nehmen kann. Hin und wieder summt er ein Lied. Die entstandene Sauberkeit und der klare Blick in den Spiegel, in dem der Gast sich sehen kann, erzeugt ein Gefühl von Aufbruch und Möglichkeit. Er könnte selbst einmal zu Hause putzen und sich wohlfühlen.

Die Leere hier schafft eine wunderschöne Ruhe und Frieden. Das Schauen auf jemand, der etwas mit Muse tut, beruhigt. Theke und Glasvitrine glänzen. Bald werden Kinder und Erwachsene an ihr Schlange stehen und Finger und Nasen auf die Scheibe pressen.

Ein Schriftsteller betritt das Eiscafé. Er ist korpulent, groß, unauffällig gekleidet und schweigsam, besser gesagt wortkarg, weil er nicht erkannt werden will. Er trägt die Last vieler Gedanken in das Eiscafé Cortina hinein.

Er geht zügig an der Theke vorbei, möchte dem Lob und der Kritik seiner Leser aus dem Wege gehen und seinen Gedankenfluss zu Papier bringen.

Beim Treppensteigen aus der U-Bahn-Station hat er eine Taube gesehen, die an einem Brötchen pickt und ein Sprachbild gefunden. Worte und Sätze stehen bald bevor, einige kreisen wie Düsenjäger durch seinen Kopf. Er muss sie dringend aufschreiben, schnell einen Sitzplatz finden, seinen Kugelschreiber und sein Notizbuch aus der Tasche nehmen, ehe sie für immer verloren gehen.

Ein unwillkommenes Gespräch, eine zu komplizierte Frage nach dem Getränk seitens des Kellners, ein unnötiges Palaver am Nebentisch oder plötzlicher Harndrang könnte das unsichere Gebäude aus Gedanken und Wörtern zerstören.

Worte und Sätze bekommen eine Gestalt. Ein Espresso könnte gut und gerne helfen, ein Schreibfeuerwerk zu entfachen.

Die Taube ist längt fortgeflogen, das Brötchen von einem Kind mit dem Fuß unter eine Bank gestoßen worden, aber der Schriftsteller hat wieder alles am Hals. Er hat sich zur Aufgabe gemacht, Momente festzumeißeln und ist schon vom vielen Sitzen ganz steif.

Er verlässt das Eiscafé unauffällig, wie er es betreten hat, schüttet Münzen auf den Tisch und ist zufrieden. Schriftsteller und Schriftstellerinnen brauchen die Einsamkeit. Und wo kann man sie besser auf die Schnelle finden, als unter Menschen?

Kaffeelöffel

Im Eiscafé kann man die Gäste beim Versuch betrachten, ein glückliches und sinnvolles Leben zu führen.

Hier können sie ihr Dasein anderen darbieten, aus ihrem Leben erzählen, sich Hilfe holen von einer Rechtsanwältin, Ärztin, einem Architekten, Handwerker, Philosophen. Alle sitzen hier gut gelaunt und entspannt. Für ein Anliegen muss der richtige Zeitpunkt abgepasst werden. Eine geschickte Überleitung von einem Thema zum anderen ist nötig. Es darf nicht nach Mühe und Arbeit klingen. Der Gelegenheitshandwerker und Privatgelehrte, der hier und da einen Auftrag annimmt, seine Brotarbeit aufschiebt, trinkt im Eiscafé seinen Kaffee und genießt das Zusammensein.

Zuhause hat er die Briefe mit den Rechnungen ungeöffnet übereinander gelegt, die Wohnung ist mit Fahrrädern und Ersatzteilen übersät. Auf dem Küchentisch stapeln sich magere Zeichnungen eines armen südamerikanischen Künstlers, die er ihm für zehn Mark bei jeder Begegnung abkauft, weil er ein Herz hat.

Der Kaffeelöffel mit der *Eduscho*-Gravur ist über ein Missverständnis auf der Untertasse gelandet. Wahrscheinlich hat ein Ladenbesitzer oder Angestellter beim Kaffeegeschäft *Eduscho* eine Tasse Kaffee geholt, den es im Ausschank gibt. Ab und zu kauft er für seine Kunden auch einen Cappuccino im Eiscafé. Er bringt zwar die richtige Tasse zurück, aber den falschen Löffel.

Der Kellner stellt das Geschirr in die Spülmaschine und bemerkt es nicht. So bekommt der Kunde einen *Eduscho*-Löffel auf die Untertasse und betrachtet die Gravur ungläubig. Er möchte den Kellner um Aufklärung bitten, lässt es aber, weil er darüber nachsinnt, dass sich im Leben sowieso alles mit allem vermischt.

Der neue Kellner

Was ist denn das? Der neue Kellner mit dem fülligen Gesicht zieht die Tasse weg, mahnt, meinen Schlüssel, das Notizbuch vom Tisch zu nehmen und wischt mit dem Lappen so nass, dass die Zeitung auf der Platte kleben bleibt.

Ein Gast ruft in seinen Rücken „Espresso!"

Der neue Kellner dreht sich erzürnt um. Das Tablett mit Getränken schwankt auf seinem Arm.

„Moment! Moment! Sie sind noch nicht dran! Ich kann nicht überall sein!"

„Doch", meint die kecke Verkäuferin vom Drogeriemarkt.

„Auch Sie müssen warten!", schimpft der neue Kellner. Er ist ganz schön streng, sein Schweiß ist es auch.

„Ich muss nur sterben", kontert die Verkäuferin barsch.

Er schaut mich, den Stammkunden, wie einen Eindringling an: „Wollen Sie nun noch einen Cappuccino oder nicht?"

„Ich weiß noch nicht", antworte ich.

„Das hier ist ein Café und keine Wärmestube!"

„Von wegen Wärme! Die Heizung geht fast überhaupt nicht und überall ist Eis! Man kann es sogar essen."

Die ersten Gäste verstecken ihre Tasse unter der Zeitung. Es ist noch ein kleiner Schluck, etwas Milchschaum oder Sahne drin, den will man sich vom fahrigen Kellner nicht klauen lassen. Und außerdem möchte man nicht nackt am Tisch sitzen, also ohne Tasse. Aber der neue Kellner aus Osteuropa bringt alles durcheinander. Er rennt wie von der Tarantel gestochen herum, schwitzt und bald tun es auch die Gäste, die ihre Ruhe, ihre Muse und schließlich die Geduld verlieren.

Vom Tablett rutschen Tassen und es gibt Scherben. Will der Betreiber sein Eiscafé verkaufen oder uns loswerden, die herumhocken und palavern? Längst ist es in Kaffeehäusern der Stadt Mode geworden, den Gast nur als Konsumenten zu sehen. Espresso bestellen und dann adieu! Kaffee rein, Geld her! Ist es etwa hier auch soweit?

Ich halte meine Untertasse mit dem Daumen fest, die Hand unter dem Tisch versteckt. Als der Kellner forsch heranstürmt, ungefragt nach meiner Untertasse greift, gibt es ein Gezerre um sie zwischen seiner Hand und meinem Daumen. Wie beim Fingerhakeln geht es hin und her.

„Meine", sage ich.

Der neue Kellner gibt auf und läuft laut fluchend durch das Eiscafé. Mit seiner roten Weste und im weißen Hemd ist er hier fehl am Platz. Seine Kleidung riecht abgestanden. Soll sein Angstschweiß die Gäste vor Nichteinhaltung strenger sozialistischer Kaffeehausregeln warnen und in Aufregung versetzen?

Am ersten Tag hatte er sogar ein weißes Handtuch über dem Arm. Nach mehreren Verunglimpfungen legte er es aber ab. Ein Gast fragte, ob er gerade in die Badewanne gehe. Sein „Ahoi" zur Begrüßung und die Vorankündigung des Betreibers, es komme ein Kellner der Alten Schule, der auf einem Seefahrtschiff als Koch und Kellner gearbeitet habe, warf bei den Gästen viele Fragen auf. Erstens: Welches Meer umgibt das osteuropäische Land, was bis jetzt auf der Landkarte noch nicht entdeckt wurde? Zweitens: Warum lassen die Einwohner einen Seefahrergruß in ihr ruhiges Festlandleben eindringen? Drittens: Warum braucht es plötzlich Professionalität im Café, wo doch bisher fast alles gut war?

Am Morgen ist er mit dem Reisebus aus dem Osten

gekommen. Dabei zwei Koffer mit Rinderfilet, die er an feine Restaurants verkauft. „Scheenes Geld" kann man da verdienen, sagt er. „Scheenes Geld" ist, wie sich herausstellt, was man direkt in die Tasche verdient. Vorher hatte er keinen Erfolg mit böhmischen Gläsern und allerlei Kitsch.

Der Betreiber des Eiscafés entfernt den Kellner bald und reicht uns als Entschädigung Prosecco aus Italien, den er von dort mitgebracht hat. Es ist ein Schaumwein, dem nachträglich Kohlensäure beigemischt wird.

Wenn man ihn fleißig trinkt, wird der Tag ungemein leicht. Italiener trinken Prosecco schon lange, nun haben es die Deutschen endlich auch begriffen.

Beim Trinken sind die Deutschen überaus lernfähig. Der Betreiber des Eiscafés bringt das Gesöff in großen Mengen über die Alpen, auch Pinot Grigio und selbstgebrannten Grappa in großen bauchigen Flaschen. Bei kurzweiligen Besuchen an den Tischen serviert er ihn als Geschenk. Gemischt mit Espresso wirkt der Grappa erweckend als Einstieg in den Morgen, natürlich mit reichlich Zucker.

Das Eiscafé verwöhnt seine Kunden.

Zeitungsbote

Manchmal besucht mich Mutter im Eiscafé, weil sie auf dem Weg zum Einkaufen ist. Sie erinnert mich im Beisein von Damen am Tisch, meine schmutzige Wäsche zu bringen.

Ich bin seit einiger Zeit zuhause ausgezogen und habe eine Wohnung im Stadtteil bezogen. Sie ist noch nicht eingerichtet. Ich liebe es, wenn sich die Dinge ergeben.

Die Kulturbeauftragte einer Vorstadtgemeinde sitzt

neben mir. Sie drängt mich, aus meiner Wohnung eine Zimmergalerie, einen Kunstraum zu machen. Einen Salon für Kunst und Menschen aus dem Stadtteil in alter Tradition. Sie tut das mit großer Eindringlichkeit und Charme. Schwarz gekleidet, enger Rock, rote Lippen, eine dicke Perlenkette und hypnotisierende Augen, so plane ich die erste Ausstellung.

Ich bringe Mutter die Wäsche, weil ich bis vor kurzem keine Waschmaschine hatte. Auch will ich nicht, dass Mutter sich abgeschoben fühlt. Sie kocht guten Braten, macht leckere Rouladen und Schnitzel.

Aber nun ist es für mich eine Blamage. Sie steht vor dem Eiscafé und winkt mich heraus. Ich tue so, als hätte ich sie nicht gesehen und lasse sie stehen.

Erst kürzlich stürmte sie herein und forderte die sofortige Herausgabe der schmutzigen Wäsche. Besonders die Damen am Tisch lachten sich einen Ast. Auch die Kulturbeauftragte. Daraufhin verbot ich Mutter, das Eiscafé zu betreten.

Nun habe ich den Spott. Die Damen um mich herum solidarisieren sich mit Mutter und bitten mich, brav zu sein. „So darf man mit seiner Mutter nicht umgehen!"

Unter Beobachtung aller gehe ich nach draußen. Mutter fragt vorwurfsvoll: „Du bringst gar nicht die Wäsche mehr! Hast du eine Andere?"

„Ja, ich habe eine so genannte Waschmaschine!"

Mutter zieht beleidigt ab.

Dabei trug ich die halbe Nacht Zeitungen aus. Um halb zwei wurden sie mit dem Wagen angeliefert. Ich bin gleich mit dem Rad los. Um halb sechs war ich fertig. Ich habe drei Stunden geschlafen. Dann in die Universität.

Heute Nacht hat mich ein Regen erwischt und die Zeitungen waren dick, voll mit Werbung und Sonderbeilagen. Ich musste oft mit dem Fahrrad zu den Ablagen fahren und neue Stapel in die Taschen einladen. Die Finger waren aufgeweicht, die Zeitungen auch. Sie zerrissen beim Herausholen aus der Tasche. In meinen Schuhen stand das Wasser.

Bei Nässe versagen die Bremsen. Ich versuche mit den Beinen zu stoppen. Es war eine anstrengende Nacht.

Ich stellte mein Fahrrad an der Hauswand des Eiscafés ab, teilte die dicken Zeitungen und schob sie durch den Spalt unter der Glastür. Der dünnen TAZ gab ich einen heftigen Schub. Sie rutschte auf dem glatten Boden bis zur Mitte des Eiscafés.

Fünf junge Männer kamen aus einem Hinterhalt und forderten von mir Geld. Sie umringten mich, zupften von allen Seiten an meiner Kleidung und griffen in die Taschen meiner speckigen Jacke. Dort fanden sie meine Schere, Taschenlampe, Kundenschlüssel und die Laufliste. Nur zwanzig Pfennig für Notanrufe habe ich stets in der Hosentasche.

„Schaut doch, wie wenig Geld ich habe, was für Klamotten ich trage", sagte ich.

Ich verstand nicht, warum sie mich verachteten und auslachten. Sie wollten Geld. Wichtiger war für sie der Spaß an der Erniedrigung. Sie nahmen mir die Brille vom Kopf, ohne die ich verloren bin. Immer wieder sagte ich: „Ich habe doch nichts weiter als Zeitungen."

Sie lachten mich aus. Ich sammelte meine Stimme und schrie um Hilfe. Immer lauter, aus Leibeskräften.

Der Wortführer der Räuber gab mir meine Brille zurück und bat mich inständig, keine Polizei zu rufen.

Wie ein Wort helfen kann!

Der Geschäftsmann

Der glatzköpfige Geschäftsmann versucht seinen Mantel anzuziehen, den er an die Hakenleiste für Tageszeitungen gehängt hat. Der blecherne, goldglänzende Schirmständer in Gestalt eines leicht geöffneten Schirmes fällt um und verursacht ein ohrenbetäubendes Scheppern auf dem Steinboden.

Ein Gast verschluckt sich vor Schreck an einem Campari, ein anderer schüttet Kaffee auf sein Hemd, der Pudel an der Leine einer rauchenden, mit rotem Lippenstift geschminkten älteren Dame kreischt grell.

Der glatzköpfige Geschäftsmann lässt den umgefallenen Schirmständer liegen, tut unschuldig und kramt ein paar Münzen aus der Hosentasche. Der Kellner klappt sein großes schwarzes Portemonnaie auf und wirft im Bogen das Geld in das Münzfach, damit die Kasse klingt.

Als Münzsammler und Geldliebhaber hat er im Flug Avers und Revers begutachtet und eine 5-Schilling-Münze statt einem Markstück ausgemacht.

„Hat doch der Schlingel mir was Falsches untergejubelt! Na warte, dir werde ich es schon heimzahlen", denkt der Kellner. „Aber 1:0 für ihn, weil ich es nicht gleich gemerkt habe!"

Der Schirmständer steht wieder. Der glatzköpfige Geschäftsmann entsorgt aus der Hosentasche allerlei Papier: Fahrscheine, Eintrittskarten, Kassenzettel.

Er hat den zylinderförmigen Ascheeimer neben der Theke entdeckt und betätigt den Fußhebel forsch. Die Klappe öffnet sich und schlägt, wie jeder Stammgast hier weiß, bei grober Bedienung mit einem Donnerknall gegen die Theke. Den Pinsel für die Reinigung der Asche aus den gläsernen Aschenbechern hat der Kellner kunstvoll zwischen Klappe und Eimerrand geklemmt.

Vor Verdruss verdreht er die Augen. Nun ist der Pinsel in den Eimer gefallen! Zwar hat er ihn mit einem Seil am Eimer befestigt, doch es ist eine wiederkehrende Dummheit und Dreistigkeit seiner Gäste, eigenmächtig in den Betrieb des Eiscafés einzugreifen.

Die Sache mit dem Falschgeld ist schon genug. Jetzt schwelt Rauch aus dem Eimer. Das Papier des Geschäftsmanns hat ihn möglich gemacht. Der Kellner gießt aus dem Gefäß fürs Milchaufschäumen Wasser in den Eimer.

Der Geruch von kalter nasser Asche dringt in die Nase des Lateinprofessors, der streng wie Caesar nach seinem schicken Cabriolet guckt, das unerlaubt gegenüber in der Einfahrt zum italienischen Modefriseur parkt.

Das Hupen eines Wagens, in dem ein frisch Frisierter sitzt, der stolz auf seinen Haarschopf ist, fix die Ausfahrt zum Rendezvous verlassen will, stört den Lateinprofessor nicht. Zu weit liegt das Römische Reich zurück.

Ein paar losgelassene Kinder spielen mit kleinen Steinchen aus dem Blumenkasten der bedauernswerten Grünlilie am Eingang. Das ausgetrocknete Geschöpf ist das „Grüßgott" beim Eintritt.

Noch ist der lippenbärtige Kellner nicht in Rage, er weiß nichts von der Invasion der Steine am Eingang, die von den Schuhsohlen hereinkommender Gäste im Lokal verbreitet werden.

Schon schlittert eine Frau mit kariertem halblangen Rock kunstvoll und zelebriert einen Spagat, ihr jugendlicher Liebhaber tanzt auf der Stelle. Die Frau möchte bedient werden und klopft ungeduldig mit dem Geldstück auf den Zahlteller und ruft: „Eine Kugel Erdbeereiiiiis!"

Der Kellner eilt an die Theke. Der glatzköpfige Geschäftsmann hat es noch nicht geschafft, seinen Mantel anzuziehen. Er stellt fest, dass sein Schal im Ärmel steckt und wie ein neugieriger Hermelin mit Fransen heraus-schaut.

Er hält die Hereinkommenden und Hinausgehenden mit ungeschickten Armschlenkern und Rudern seines Körpers auf. Ein Stau bildet sich am Nadelöhr zwischen Theke und dem Stuhl mit Illustrierten, über dem die Tageszeitungen am Haken hängen.

Jetzt ist es soweit! Der Kellner ist verärgert, zumal die ersten Kunden zur Theke kommen, um sich über den Gestank aus dem Ascheeimer zu beschweren.

Die gläserne Eingangstür steht nach innen offen und ist mit einem Holzkeil befestigt. Der pensionierten Lehrerin ist es plötzlich kühl geworden. Ein Windzug hat ihr Empfinden gestört. Eine Schauspielerin schreit: „Luft! Luft! Ich ersticke!"

Wutentbrannt entfernt die Lehrerin mit dem Fuß den Keil. Die Tür fällt zu. Die Spannung steigt. Die Schauspielerin scheint etwas Boshaftes in der Hinterhand zu haben, sie guckt giftig.

Der Geschäftsmann hat endlich seinen Schal gebändigt und steuert den Ausgang an. Der Kellner formt aus dem Eiskübel eine Kugel Erdbeer-Eis mit dem Portionierer und ruft der Kundin ein „Buona giornata" zu.

Die Tür ist zugemacht. Der Kellner ruft dem glatzköpfigen Geschäftsmann ein saloppes „Ciao" zu, der im Gehen zur Theke schaut und mit dem Kopf gegen die Glastür kracht. Was für ein Gedonner!

Benebelt und blamiert sammelt sich der Geschäftsmann. Die Stammgäste kennen das Spiel. Es heißt: Tür auf, Tür zu. Buona giornata oder Ciao und bums!

Es bleibt bei der Erkenntnis, die heute erneut bestätigt wird: Man kann nicht durch Glas gehen!

Auf der Scheibe bleibt ein saftiger Fettfleck. Der Kellner ahnte es, hat das Fenstertuch und das Reinigungsmittel in der Hand und wischt, ein Lied pfeifend, die Glastür, damit wieder eine Durchsicht möglich ist.

Der Richter a. D.

Der ehemalige Richter tippelt an einem Gehstock mit silbernem Knauf auf der Straße. Er trägt einen auffälligen Pelz und hat eine Zigarre im Mund, die er auch genüsslich im Eiscafé raucht.

Er strahlt Gelassenheit aus, wahrscheinlich weil er ein langes Leben hinter sich hat. Er weiß von den Dingen der Menschen und dem Menschlichen. Er macht sich keine Illusionen. Seine Augen sind wässrig. Er genießt es, ruhig neben mir zu sitzen und nur ab und zu sprechen. Er betrachtet die Dinge auf der Straße, aber nicht so wie ich.

Die Menschen draußen hinter der Glastür, zwei Stufen herunter, sind für ihn zu Geist geworden, zu Exemplaren. Manche hat er verurteilt, manche freigesprochen.

Er lebt allein, hat niemanden. „Ich habe zwei Frauen", sagt er trocken. „Eine fürs Grobe, und eine fürs Feine." Er meint damit eine Putzfrau und eine Haushaltshilfe, vor denen er ins Eiscafé flüchtet. Er unterstützt einen iranischen Studenten, der ihm bei Erledigungen hilft.

Einmal lud er mich in seine Wohnung voller alter Möbel ein. Sie liegt im Parterre eines ganz normalen Mietshauses in Bockenheim. Er zeigte mir Antiquitäten, auf die er stolz war. Tische mit Intarsienarbeiten usw.

Seine Lieblingsstücke umgarnen ihn an seinem Lebensabend in der dunklen Wohnung. Überall riecht es nach abgestandenem Zigarrenrauch.

Mit Tippelschritten kommt er auf der Leipziger Straße voran. Hin und wieder stürzt er. Von Passanten wird er wieder aufgestellt. Jetzt höre ich, dass er gestorben ist.

Das Ende eines langen Lebens.

Einige Gäste mutmaßen, dass er ein Nazirichter war. Das ist für mich nicht bewiesen. Ich weiß nur, dass er eines Tages in seiner Wohnung bestohlen wurde. Viele wertvolle Dinge waren weg. Das allein war schon für ihn das Ende. Wahrscheinlich passierte es nur, weil er Menschen schöne Sachen zeigen wollte.

Kaffeepulver

„Die Sahnemaschine darf man nie in der Nähe der Kaffeemühle aufstellen", sagt der Kellner. „Das Kaffeepulver verbreitet sich überall, bis in die letzte Ritze des Lokals. Die Spritzdüse der Sahnemaschine verstopft und die Motoren gehen kaputt."

Das feine Kaffeepulver kriecht in die Regale, in die Kleidung des Personals, in die Schubladen. Es ist so heimtückisch wie der Kohlestaub, mit dem man in früheren Zeiten schöne Streiche spielte. Man streute dem Schlafenden Kohlestaub in die Schuhe. Morgens zog er sie an. Beim Laufen wanderte der Schmutz bis ins Gesicht, das schwarz wurde.

Auch Kaffeepulver verbreitet sich auf der ganzen Welt.

Angst ins Café zu gehen

Eine Frau geht immer wieder am Café vorbei. Einmal kommt sie von links, einmal von rechts. Sie hat einen Schal um den Kopf gewickelt, der ihr Gesicht versteckt. Zaghaft schaut sie ins Eiscafé.

„Sucht sie etwa dich?", fragt der Österreicher.

Wie eine komische Figur aus einem Puppenspiel sieht sie aus. Jetzt glauben wir an einen Scherz und lachen.

Sie könnte auch vor irgendwem oder irgendwas Angst haben. Angst vor Menschen, die jeden von uns befallen kann. Angst, ein Eiscafé zu besuchen, weil die Gäste sie anstarren und jede ihrer Bewegung verfolgen könnten.

Die Angst, einen Kaffee in der Öffentlichkeit zu trinken, wird weithin unterschätzt. Sie steht der Selbstverständlichkeit gegenüber.

Öffentlich zu sein, ist eine Errungenschaft unserer Zivilisation. Durch ein einziges Ereignis kann durch Angst die Fähigkeit dazu abhandenkommen.

Streit

„Du wirst es nicht glauben, vor vielen Jahren betrachtete ich mit Boris in der Zeitung die Darstellung einer Frau aus dem Mittelalter, die eine tief ausgeschnittene Bluse trug. Sogar die Brustfalte war zu sehen.

Boris sagte, es sei eine frühe erotische Darstellung einer Frau. Ich meinte, ohne seine Aussage zu bezweifeln, mit der Andeutung einer freien Brust könnte der Maler auf eine selbstbewusste Frau ihres Standes hindeuten.

Boris war erbost und beleidigt.

„Quatsch", sagte er, „so ein Blödsinn. Stimmt nicht!"

„Mag sein! Kann es aber sein, dass du Unrecht hast?", fragte ich.

Darauf stand er schimpfend vom Stuhl auf, zahlte und verließ erzürnt das Eiscafé.

Seitdem wechselt er die Straßenseite, wenn ich ihm entgegenkomme. Er schaut mich böse an. Er verlässt das Eiscafé, wenn ich eintrete. Er läuft vor Wut glutrot im Gesicht an.

Die Kaffeehausbrüder und Kaffeehausschwestern müssen sich entscheiden, an welchem Tisch sie sitzen wollen.

Sie wissen nicht, dass es im Grunde um einen mittelalterlichen Busen geht.

Die meisten Menschen beginnen ihr Leben an der Brust der Mutter. Dort saugen sie Milch. Manche bekommen die Flasche. Daher ist es heikel, über Busen zu sprechen.

Einige im Eiscafé schütteln den Kopf. Wie kann man sich so zerstreiten? Zwei Tische sitzen wir voneinander entfernt, die anderen Gäste wie Prellböcke dazwischen. „Und das vor Ostern!", beklagt der Kioskbetreiber von nebenan.

Der Blender

„Wo ist denn der Marcel? Was ist aus ihm geworden? Hast du ihn noch gekannt? Nein? Der hat schon morgens arg getrunken und hielt sich für ein Genie. Dabei war er ein Blender und ziemlich arrogant. Er behauptete, er sei Journalist und Philosoph. Kaum war er im Kreis der Maler, war er auch Maler und hatte im Nu ein bedeutendes Werk auf dicken Holzplatten angelegt."

„Ein großes existentialistisches Werk nie dagewesener Größe, ein Triptychon!", prahlte er.

Als ich ihn nach dem Stand seiner Arbeit fragte, sagte er, er sei noch DRAN, er habe es übermalen müssen, sei nun mit der linken oberen Hälfte fertig.

„Was? Du malst von oben nach unten? Nicht schichtenweise?", fragte ich erstaunt.

Am Abend kam er theatralisch ins Eiscafé und schenkte mir unter Tränen sein Werk. Es falle ihm schwer, es loszulassen, aber ich sei nun mal sein bester Freund.

Ich pflichtete bei, dass die dicken Holzplatten ein großes Werk bildeten. Denn sie waren wirklich nicht nur schwer, sondern auch groß.

Er musste vor Freude weinen. Sein Werk war aus seiner Sicht gelungen. Ich kann mich an die Abbildung eines Mannes auf seinem Bild erinnern, der an einem Strick hing. Die vereinfachte und verkürzte Darstellung vom Existentialismus.

„Wohin mit dem Holzkram?", fragte der Kellner ganz praktisch. „Es stinkt nach Ölfarbe und blockiert den Eingang. Wer soll da bei mir ein Eis essen?"

„Ich höre immer nur Essen! Das ist Kunst, die überdauert alles, das Essen geht einfach nur durch die Eingeweide", beschwerte sich der Künstler.

Dann verschwand er und ließ uns mit den schweren Holzplatten allein. Ich bekam einen dicken Hals von den Ausdünstungen der Ölfarbe und der Bürde, die mir durch die Schenkung des Kunstwerks vom Freund aufgeladen wurde.

Angetrunken kam Marcel zurück ins Eiscafé. Es gab wieder Tränen. Er sagte, er könne ohne sein Werk nicht leben, er müsse es zurückhaben. Ich half, die schweren Holzplatten in sein Auto zu bringen.

Vom Triptychon und dem besten Freund habe ich nie wieder etwas gehört.

Moderner Mensch

Das Auslandsjahr nach dem Abitur. Gut, da war der Zivildienst, danach um die Welt gesegelt, viel länger dauerte in den Tropen ein unbekannter Virus. Studium der

Wirtschaftswissenschaften in den USA, vorher ein paar Wochen auf der Kinderhilfsstation in Indien. Dann Manager in einem Stromkonzern. Er tritt einer konservativen Partei bei, Ressort: Liberalisierung der Wasserwirtschaft.

Er trinkt im Eiscafé einen Espresso und lässt sich jeden Groschen rausgeben, reißt Seiten aus der FAZ für zuhause, hat eben sein von Tchibo gegenüber erworbenes Business-Hemd ausgepackt, die Plastikhülle, den Kragenverstärker aus Pappe und die Nadeln auf den Tisch gelegt. Seit einiger Zeit ist er wieder Single. Vormals verheiratet, ein von Geburt an hochbegabtes Kind, Privatschule. Jetzt wirkt er gelangweilt. Schimpft auf Ausländer, neulich sogar im Beisein eines Italieners, der ihm allerdings beipflichtete.

„Sich drücken, nenne ich das! Wie die sogenannten Künstler!"

„Sie richten wenigstens keinen Schaden an!", sage ich. „Das ist heutzutage schon etwas. Was meinen Sie, wie viel ich in meinem Leben nicht gemacht habe. Zum Beispiel keine Kreuzfahrt nach Südamerika! Ich glaube, die Menschheit richtet sich aus Langeweile und Überfluss zugrunde. Erst neulich hat es einer aus unserem Stadtteil mit einem Drachenflug probiert. Er ist abgestürzt und wurde vom Baum aufgespießt. Meinen Sie, er hätte was daraus gelernt? Einer klettert auf den K2 im Himalaya oder die Eiger-Nordwand und verunglückt. Es gibt eine Notiz des Bedauerns in der Zeitung. Das war es mit der Besonderheit."

Unversöhnlich verlässt der moderne Mensch das Eiscafé. Noch ist er ein Ausnahmefall hier.

Der Kellner räumt die Verpackung des Hemdes vom Tisch, sammelt die Nadeln mit den Fingerspitzen auf und steckt sie in den Vorhang zum Labor. Bleibendes hat der moderne Mensch hinterlassen: Nadelstiche.

Böses Geplauder

„Ach! Du meinst DIE DA. DIE GRÜNEN, die hier sitzen und schwarzen Kaffee trinken, mit Sahne, weißem Zucker! Im Landtag haben sie eine Sonnenblume auf dem Tisch. Im Stadtwald hat der Betonfacharbeiter und SPD-Ministerpräsident die Startbahn zementiert, persönlich, glaube ich. Dann kamen die GRÜNEN und die Turnschuhe des Umweltministers. Ich war als Schüler in Wiesbaden bei der Riesendemo. Und hat nichts genutzt. Heute fliegen dort die ab, die gegen die Erweiterung des Flughafens waren und trinken vorher einen Prosecco. - Genau so ist es."

„Und DER DA", fügt der Kellner ein, „hat noch nicht bezahlt, gestern nicht und heute nicht!"

„ICH?"

„Ist hier noch ein anderer?" Der Kellner schaut sich theatralisch um.

„Kann nicht sein!"

„Und deshalb habe ich in deinen Kaffee gespuckt!"

„Nein! Das hast du nicht wirklich gemacht? Du Schwein! Ich krieg noch 200 Mark von jemand, dem ich die Küche gestrichen habe."

„Ich weiß, was du wieder bei einer Dame gestrichen hast. Jedenfalls keine Küche! Erzählst mir seit Tagen die Mär vom Geldsegen."

Mit einem Handwagen kommt der Bote des Kaffeehändlers angefahren, beladen mit Kaffee in Tüten. Er winkt den Kellner heraus.

„Kannst du gleich wieder alle mitnehmen. Der letzte Kaffee war eine miese Qualität. Da hast du wohl Steine reingemacht. Meine Mühle hat es beinahe zerrissen."

Ein Gast: „Das kommt von der ganzen Ausbeutung in den Kaffee produzierenden Ländern!"

„Papperlapapp! Betrug! Ich sage nur Betrug! Und du da gibst mir morgen das Geld, sonst ist es aus mit hier!"

Totenstille im Raum. Jetzt nur keinen Witz machen. Jetzt keinen Sarkasmus. Könnte beim südamerikanisch-ostpreußischen Kellner fatal sein!

Wir warten auf Erlösung aus der angespannten Lage. Es könnte jemand ins Eiscafé kommen, der uns aus der Situation rettet. Wir schauen uns an, sind stumm, nicken uns einvernehmlich zu, verkneifen das Lachen. Der Kellner ist in Rage, raucht zur Beruhigung hinter der Kaffeemaschine eine Zigarette, zieht den Rauch durch seine Lunge, bläst ihn in Richtung Decke. Sein Gesicht verliert langsam an Kampfesröte.

Wer tritt mit frischem Optimismus und neuer Energie ein? Es ist der Pudel der Betreiberin des Modegeschäfts, der nach dem Frauchen sucht, die aber nicht da ist.

Der Fleck

Ich betrachte eine Fliege. Sie krabbelt an der Wand hoch, gelangt an einen Fleck. Ich entdecke noch mehr Flecke und plötzlich ist das ganze Eiscafé dreckig, eine einzige Sauerei, ein Schweinestall. Hier müsste renoviert werden.

Unweit meines Cappuccinos zwinkert es. Ein einzelnes Auge an der Wand? Der Maler und Oberkellner Riccardo steht vor mir mit Tüten an der Hand. „Ciao! Come va?"

Zehn neue Bilder habe er darin, alles Gekreuzigte - einfach einmalig.

„Was ist mit deinen Augen? Eins hängt herab, eins nahe der Wand. Was hast du getan?"

„Ich glaube, ich muss mir ein neues Auge malen", lacht Riccardo.

Ich besuche ihn in der Uniklinik, wo auch angehende Ärzte ihr Handwerk üben. Dort liegt Riccardo ausgerechnet mit einem Koch im Krankenzimmer. Das passt. Koch und Kellner. Beide tauschen Rezepte und Restaurant-Tipps aus.

Heute hat man ihn als Anschauungsobjekt in einen Hörsaal geschoben. Man befragt ihn auf ärztliche Weise. Riccardo hat den Studenten Geschichten von Salbei, Huhn, Estragon und Kaninchen auf reich garnierten Tellern erzählt. Das zweite Auge findet sich bei guter Stimmung wieder ein.

Polizei

„Hab´ heute um acht Uhr morgens von der Polizei einen Anruf gekriegt. Mitten aus dem Schlaf hat mich das Klingeln gerissen, aus dem Traum von einer schönen Esmeralda. Wir lagen nebeneinander, völlig nackt. Als ich sie ansah, stellte ich fest, dass sie ein Amulett mit einem dicken Kreuz trug, genau zwischen ihrem Busen. Ich starrte immer auf das Kreuz und hatte das Gefühl, mich mit Gott einzulassen. Ich legte meine Hand auf ihren Bauch. In dem Moment klingelt die Polizei am Telefon."

„Kennen Sie Herrn Spohr?", fragte die weibliche Stimme.

„Waren Sie vor zwei Wochen mit ihm im Eiscafé, am Montag um 19 Uhr?"

Ich hielt die Augen geschlossen. Spohr? Oder hatte die Polizistin „Mohr" gesagt? Ich schlief mitten im Gespräch ein und hörte mein „Ja", eigentlich zur schönen Esmeralda.

„Wir melden uns bei Ihnen vielleicht wieder."

Dann legte sie auf und ich schlief eine Zeit weiter. Als ich aufstand, mich anzog, fiel mir mein Traum ein. Die schöne Esmeralda, das Kreuz und Herr Spohr. Alles nur geträumt?

Auf mein Handzeichen hin wirft der Kellner hinter der Theke eine Portion Kaffee in den Filterlöffel, presst und dreht ihn in die Maschine. „Noch einen!", legt der Architekt nach. „Und noch einen, wenn du schon dabei bist", meint der Ire. „Warum denn nicht gleich?", mault der Kellner Udo.

Spohr stellt sein Rennrad draußen an die Hauswand und kommt herein. Er wirft seine Jacke und die Kappe auf den Stuhl und salbt mit der Hand die Runde als sei er der Papst oder ein Fürst, der seine Landsknechte grüßt.

Wie immer wirkt er nervös, zuckt mit dem Mundwinkel. Von zwei Frauen am Tisch fühlt er sich elektrisiert.

„Na, Ihr Hübschen? Geht ihr heute ins Schwimmbad?" Die Gäste schauen irritiert. Nicht umsonst heißt er bei uns: Der verrückte Spohr.

„Die Polizei hat mich gestern auf der Straße geschnappt. Mit anderen, die so aussehen wie ich, haben sie mich in einen großen Bus gesteckt und aufs Revier gebracht. Die suchen einen Frauenbelästiger. Die Beschreibung hat auf mich gepasst. Mittelgroß, schwarz angezogen, schlank, Rennrad und Franzosenkäppchen. Aber die haben mich wieder freigelassen."

Er hebt nach seiner Rede das Kinn, presst die Lippen, reibt sie aneinander und ranzt hinter die Theke:

„Wo bleibt mein Espresso? Der Sauhund von Kellner hat mich vergessen. Immer vergisst er mich."

„Weil du immer unsichtbar bist. Kaum bist du da, bist du schon wieder weg. Kaum bist du weg, bist du wieder da. Wer soll da wissen, ob du schon was getrunken hast oder erst etwas willst?"

„Ich habe das Zeichen für einen Espresso doch beim Reinkommen gemacht. Zeigefinger und Daumen im Abstand etwa zur Füllmenge eines Espressos in einer Tasse. Heißt: einen Kurzen, einen Stretto!"

Der schelmische Kellner Udo flitzt mit einem Tablett voller Kaffeetassen vorbei und lacht: „Ich hab´ gedacht, der Kurze bist du!"

„Du Sau", schimpft Spohr, zieht die Frauenbelästiger-Kappe auf den Kopf, springt die zwei Stufen hinunter und schwingt sich grußlos auf sein Rennrad.

Wem habe ich ein Alibi gegeben? Im Traum habe ich ja nicht daran gedacht.

Schlüsselprofessor

Er ist noch klein, hat gewaltige Locken und sitzt auf dem Schoß seiner Mutter. Wach blickt er auf jeden, der ins Eiscafé kommt. Nach eingehender Beobachtung spricht er Gäste an, die neben ihm sitzen. „Kann ich deine Schlüssel anschauen?", fragt er dann.

Meistens Frauen bringt er dazu, Schlüssel zu geheimsten Zimmern, Wohnungen, Garagen und Kellern zu offenbaren.

Der Schlüsselprofessor fragt nach ihren Namen. Denn er muss die Schlüssel einer Person zuordnen.

Er prägt sich jede Zacke am Bart des Schlüssels genau ein und erkennt selbst bei der Wiedervorlage nach einem Jahr, dass einer am Bund fehlt, neu dazu gekommen oder doppelt ist.

Am liebsten umgibt er sich mit Schlüsseln. Es geht nicht um die Schlüsselgewalt, heimlich in ein Zimmer oder eine Wohnung einzudringen. Ihn fasziniert die Feinmechanik, die Anordnung und Vielzahl kleiner

Zähnchen, die Rhythmik der Zacken und die Einzigartigkeit.

„Du hast heute gar nicht den Schlüssel zu deiner Zweitwohnung am Bund, wo dein Freund wohnt?", sagt er zu einer Frau, die nach langer Zeit wieder im Eiscafé einen Kaffee trinkt.

Die Frau fängt an zu weinen: „Den Schlüssel gibt es nicht mehr!"

„Wieso? Ist er verlorengegangen?"

„Nein, den Freund gibt es nicht mehr."

Die Frau wischt sich Tränen aus dem Gesicht.

„Ist er denn tot?"

„Nein! Er ist von mir weggegangen!"

„Wo ist er denn hingegangen?"

„Das weiß ich nicht!"

Der Schlüsselprofessor kennt sich mit der Feinmechanik der Dinge auch im Allgemeinen aus. Wahrscheinlich hat er eine Analogie von Schlüsseln zu menschlichen Belangen schon als Winzling erkannt. Er hat bereits eine stattliche Sammlung von Schlüsseln zuhause, deren Häuser und Zimmer er nicht alle kennt. Aber er kann sich einen Reim auf sie machen.

Er hat viele hundert Schlüssel erforscht und ihre innersten Gesetze erkannt, die Zugänge auf der Welt regeln. Diese haben alle etwas mit Erlaubnis zu tun. Erlaubnis hinein zu kommen und heraus zu dürfen, in die Freiheit oder aus dem Gefängnis, in das man geraten ist.

Paraguay

Der neue Eiscafé-Betreiber ist der Kellner und stammt aus Paraguay. Er spricht spanisch, portugiesisch, deutsch und bald italienisch. Sein Dialekt ist ostpreußisch, da stammen seine Eltern her. Nach dem Krieg sind sie nach Paraguay gegangen.

Es gibt eine Menge Fragen zur Geschichte seiner Familie, auch er kann sie nicht beantworten.

Seine Familie ist von Todesschwadronen mit Kriegsverbrechern verwechselt, teilweise verwundet oder umgebracht worden. Er hat Lastwagen durch unwegsames Gelände im Grenzgebiet gefahren, durch Handel Geld erwirtschaftet und mit seiner Frau, die zu den dortigen Ureinwohnern zählt, einen Sohn aufgezogen.

Als der kleine Sohn um sein Leben im Krankenhaus kämpft, müssen die Eltern ihren gesamten Besitz an die Ärzte abtreten. Die Familie will oder kann nicht helfen. Also verlassen die drei nach erfolgreichem ärztlichen Eingriff enttäuscht Land und Familie und stranden mit 30 Mark in der Hosentasche in der Bahnhofsmission in Frankfurt.

Dort bekommen sie zu essen, etwas Geld für die erste Nacht in Frankfurt. Sie laufen die Mainzer Landstraße entlang, auf der Suche nach einem billigen Quartier.

Sie sehen ein Café, in dem sie sich ein Eis gönnen und bewundern den Betrieb. Das Deutschland, die bunte Mischung an Menschen verschiedener Herkunft, ist ihnen fremd. Der Betreiber des Eiscafés kommt zum Abkassieren und der Neuankömmling fragt, ob er eine Arbeitskraft brauche. Der sagt ja. Wann er denn anfangen könne?

„Sofort", antwortet er. Die Nacht verbringen sie mit dem wenigen Gepäck in einer Pension. Der Mann an der Rezeption hat ein gutes Herz und lässt die Familie übernachten.

Am anderen Tag arbeitet er schon im Eiscafé. Die Formalitäten sind schnell geklärt, er hat einen deutschen Pass. Von dort aus erarbeitet er sich mit seiner Frau eine Existenz, denn auch sie hilft mit beim Putzen, Eis und

Kaffee machen.

Er arbeitet als Kellner und Eismacher. Nach wenigen Jahren übernimmt er das Eiscafé Cortina. Mit viel Fleiß und Zigarettenkonsum. Der Blick für Innovationen fehlt ihm. Auch der Geschäftssinn. Dafür ist er ganz Mensch.

Zuweilen ist seine Laune schlecht und die Gäste merken es. Er ist ungehalten, wenn man nicht in sein Lokal kommt und glaubt noch daran, dass im Leben Mühe und Tugend Erfolg bringen.

Das Objekt des Malers

Der Maler trägt unter seinem Arm eine große Mappe mit einer Schleife ins Eiscafé. Darin sind Tagebucheintragungen und Skizzen von Zeitgenossen. Beim Schreiben und Zeichnen eckt er bei Sitznachbarn an. Die runden Tische sind viel zu klein, die Mappe liegt auf seinem Schoß. Der Maler schlägt die Beine übereinander und sucht nach einer geeigneten Arbeitsposition. Er möchte eine gute Erscheinung abgeben.

Mit seinem scharfen Malerblick durchbohrt er die Augen der Gäste, vornehmlich die der Damenwelt mit der Schuhgröße 36, für die er stets einen roten hochhackigen Schuh zuhause zum Anprobieren bereithält.

Der Maler hat die unscheinbare Eveline im Visier. Sie schmachtet ihn an, weil er sie zur schönen Frau erklärt hat. In aller Öffentlichkeit.

Ungläubiges Staunen und stiller Widerstand fährt in uns Stammgäste, die von einem Einspruch absehen. Soll er sie doch schön finden. Wenn es ihr sogar gefällt!

„Ja", sagt der Maler bestimmend zu seiner Kaffeehausgemeinde, „seht nur hin. Sie ist eine schöne Frau!"

Er hält sogar ihre Hand.

Seine Aufforderung, Eveline anzuglotzen, statt woanders hinzusehen, fördert den Widerspruch und Spott der Kaffeehausgemeinde. Sie kichern hinter vorgehaltener Hand. Manche lachen in ihre Aktentasche. Einem Gast misslingt es, seine Lippen zur Verhinderung eines explosionsartigen Lachens zusammenzupressen und es entweicht ein peinliches Geräusch. Die Erheiterung wächst in der Runde.

Die Forderung „Seht doch hin!" hat für uns einen unpassenden biblischen Unterton. Bei der angebeteten Dame handelt es sich wirklich um keine Madonna oder die Jungfrau Maria.

Sie weiß auch nicht, was der Maler mit seinen Röntgenaugen überhaupt will, dieser Schwarzgekleidete mit einem Bürzel Haare, die er rückseitig mit einem Gummi zusammenbindet.

Von ihrer Schönheit inspiriert, habe er ein großes Bild in seinem Atelier gemalt. Eine Frau trägt die ganze Welt, so wie der Atlas. Und schon steht Evelins Mund staunend offen.

Der Maler beklagt, dass er nicht im Geringsten wisse, wie er das Bild „herausbekomme".

„Wie?", fragt die erklärte Schönheit zu Recht: „Rausbekommen?"

„Na, aus dem Haus, durch die Tür, das Treppenhaus!"

Da sei ihm was ganz Besonderes gelungen. Und sie, die Schöne, dürfe an seinem großen Werk als Erste teilhaben. Eines, das die Welt noch nicht gesehen und den Wert von etwa 20 000 Mark habe, oder - nur für sie - wahlweise ein paar Cowboy-Stiefel aus dem unweiten Western-Laden. Dazu erhalte sie einen Gratis-Eintrag in sein Tagebuch für die Verdienste um die von der Kulturpolitik verachtete Kunst, speziell seiner, inbegriffen – und schon hat er seinen dicken Tintenfüller in der Hand –

ein Portrait ihres erstaunten Gesichtes, das wirklich sehr gut aussehe.

Was die Zeichenkunst alles zu leisten vermag!

Die Philosophie des schönen Scheins

Die Gäste an den Tischen werden bei der schönen Zeichnung des Malers blass. Selbst das Modell, das mit seinem Aussehen der Zeichnung arg nachhinkt, ist gerührt von der Kunst des Malers, Illusion zu erzeugen. Nur der Betreiber des Eiscafés, nun Kellner und Chef in einer Person, der auf Bestellung des Künstlers für das Modell und sich zwei sprudelnde Proseccos bringt, vermasselt es.

„Hast du deine Oma gezeichnet?", witzelt er und verschwindet nach seinem unrühmlichen Einsatz hinter der Theke.

„ZAHLEN", ruft der Künstler beleidigt zurück. „Diesmal gibt's kein Trinkgeld!"

„Was für ZAHLEN?", fragt der Kellner. „Ah! Ein Zehnmarkschein? Den hast du wohl selbst gemalt?"

Ich sitze neben dem Maler und philosophiere. Schüfe die Natur Gesichter und Körper nach einer kompetenten Zeichnung, wäre sie als Schöpferin eine echte Künstlerin! So ist sie eine gute Baumeisterin.

Der Sprüchemacher

„Jeder ist seines Glückes Schmied" (Faber est suae quisque fortunae, Appius Claudius): Das alles und viel mehr müssen wir uns jeden Tag von Arthur anhören. Er betritt mit seinem langen wallenden Haarschopf das Eiscafé. Ich sage: „Was für ein schöner Tag!"

Und er kontert mit einer ungebetenen Weisheit: „Nutze den Tag!" (Carpe diem, Horaz)

Sitze ich am lauen Sommerabend bei einem Martini Bianco hier, die Nacht bricht langsam ein, sagt er: „Carpe Noctem!" (Nutze die Nacht, Horaz)

Dabei brauche ich seinen Zuspruch und Rat nicht.

Neulich redete eine Bekannte mit mir über ihren geschiedenen Mann. Sie freue sich darüber, dass sie nach langem Streit einen schönen Abend mit ihm verbrachte.

Arthur hörte am Nebentisch mit, nickte zustimmend in einem fort und mischte sich ins Gespräch ein: „Man kann nicht zweimal in denselben Fluss steigen!" (Heraklit)

Es ist mit ihm zum Haareraufen! Ein Spruch nach dem anderen!

„Jetzt halt endlich mal dein Maul! Jeden Tag diese Sprüche!", sage ich. Und er antwortet:

„Panta rhei!" (Alles fließt, Heraklit)

„Wenn du so weitermachst, kannst du bald nur noch ein Mal ins Café steigen, nämlich das letzte Mal!", meint der Kellner.

Café-Therapie

Schwer einsehbare Tische sind im Eiscafé als sogenannte „therapeutische Ecken" bekannt. Dort trinken Gäste Kaffee, die Bedarf nach menschlicher Nähe haben und den Dialog über ihr Leben suchen. Dazu gesellt sich ein Gast, der zuhören und einfühlsam erzählen kann.

Es gibt keine festgelegten Therapeuten und Patienten. Es ergibt sich einfach so. Manchmal tauschen sie die Rollen während der Sitzung. Einige haben dauerhafte Plätze, die frühzeitig am Morgen besetzt werden. Ohne Regelmäßigkeit und vertraute Tische ist die heilende

Café-Therapie nicht möglich.

Hier werden Erlebnisse, Wünsche und Ängste besprochen, fließen Tränen. Nach einer Sitzung ist das Leben leichter.

Es hilft, wenn die Dinge der Welt im großen oder höheren Zusammenhang gesehen werden.

Bleibt einer der „therapeutischen Tische" plötzlich leer, fehlt etwas im Eiscafé. Mitten in der Luft, im Raum, in den Partikeln der Atmosphäre. Vermisst werden Fragen, Antworten, Klärungen, Spannung und Entspannung, Tränen und Lachen.

Die Gäste des Eiscafés achten die Arbeit an den „therapeutischen Tischen" und den Wunsch nach einer besseren Welt.

Der Kaffeeerschleicher

Er ist ein Glücksfall und Pech zugleich. Er adelt das Eiscafé durch seinen Wunsch, Kaffee zu erschleichen. Denn er möchte unbedingt das schmackhafte Getränk erlangen.

Er führt ein gut inszeniertes Schauspiel auf. Andererseits verursacht er einen wirtschaftlichen Schaden und beim Kellner das üble Gefühl, hereingelegt worden zu sein.

Er bestellt einen Kaffee, zuweilen auch Toast und Mineralwasser, abschließend einen Grappa und weist sich als guter Kunde aus. Er besucht die Toilette und läuft im Eiscafé herum. Auf den Tisch legt er einen Stapel bekritzelte Zettel und eine Schachtel Zigaretten, auf den Stuhl eine prallgefüllte Plastiktüte.

Wenn der Kellner zu tun hat, verlässt der Kaffeeerschleicher nach dem Genuss der guten Dinge das Lokal. Er nimmt eine Zigarette in den Mund und raucht sie sichtbar rücksichtsvoll vor der Tür. Der Kellner sieht den leeren Stuhl und wartet in Anbetracht der hinterlassenen Gegenstände auf sein Zurückkommen.

Erst nach einer halben Stunde wird er misstrauisch. Die Zigarettenschachtel ist leer. In der Plastiktüte findet er alte Zeitungen vor. Mit einer Illusion hat der Kaffee-erschleicher Normalität vorgegaukelt.

Er wird sogar wiederkehren! Wenn der Kellner wieder an die Menschheit glaubt.

Schmetterling und Auferstehung

Seine Mutter ist ein Schmetterling. Am Morgen flatterte sie auf sein Fensterbrett.

Die „HL"-Plastiktüte zerrt am Arm des italienischen Hans Moser, schleift auf dem Boden, wird herumge-schleudert, abgeschrammt und zerschunden von Kontakten mit Häuserwänden, Einkaufenden und Laternen.

Riccardo, der italienische Oberkellner aus dem Inter-city-Restaurant im Hauptbahnhof, gestikuliert hektisch in der Luft. Er spricht von nassen Engeln, Jesus, Madonnen, Jungfrauen und eingelegten Lammkoteletts in seiner Tüte. Den Jesus habe er selbst mit ein paar Pinselstrichen auf Dachschiefer gekreuzigt, die Lammkoteletts in Knoblauch und Salbei geschwenkt, grüne Bohnen sind auch dabei. Das alles will er mit mir zusammen essen.

Der Schiefer ist bei einem Windstoß vom Dach eines Hauses vor seine Füße gefallen. Ein Zeichen quasi. Aus Dankbarkeit, dass er nicht getroffen wurde, hat Riccardo den gekreuzigten Jesus auf das Objekt gemalt.

Mit wiederkehrenden Worten versucht er sein Kunst-werk zu beschreiben. Dennoch ergeben sie keinen rech-ten Sinn. Riccardos musikalische Rede mit Refrains und

Dur- und Moll-Einlagen bringt etwas Licht in das Unerklärliche seiner Bilder in der „HL"-Tüte.

Die Ölfarben sind noch frisch. Beißender Geruch steigt in meine Nase. Riccardos Mutter ist in Italien gestorben. Es ist für ihn ein unerträglicher Schmerz. Zum Jesus auf dem Dachschiefer, den eingelegten Lammkoteletts und Bohnen, habe er eine Flasche mit süßem Erdbeerwein in die „HL"-Tüte gepackt.

Und ein Kunstwerk, auf dem die Auferstehung seiner Mutter zu sehen ist. Heute Morgen hat sie ihn in der Erscheinung eines Schmetterlings auf seinem Fensterbrett heimgesucht, um sich von ihm zu verabschieden. Zweimal schlug sie mit den Flügeln und schaute ihn wie früher an. Mit ihrem lieben Sohn wollte sie sprechen, aber ihr fehlten die Worte.

Was sie sagen würde? Was jetzt zu tun sei, ohne eine ihn beschützende Mutter. Nun spricht sie kein Wort mehr.

Auf seinem Leinwand-Bild ist die Mutter auferstanden. Mutter und Madonna sind für ihn eine Person.

Riccardo reicht seinen treuen Kaffeehausbrüdern und -schwestern das kleine Bild herum. Sie nicken mit den Köpfen und finden seine verschlungene Geschichte von der Auferstehung der Mutter in Gestalt eines Schmetterlings überzeugend.

Die Auferstehung ist im Eiscafé unter Skeptikern, Intellektuellen, Anarchisten, Atheisten, Materialisten und Existentialisten nicht das Top-Thema. Der italienische Mystiker bringt alle auf den Gedanken, ob sie doch einmal mit ihren verstorbenen Verwandten reden sollten. Sie lauschen Riccardos Redemelodie. Vielleicht weiß er mehr von der Welt und dem Jenseits?

Plötzlich spricht er wieder von frischen Lammkoteletts, Zwiebeln, Rosmarin, Knoblauchzehen und allerlei.

Kaffeetrinkende fragen sich, was die essbaren Gewächse mit den Ausführungen zur Auferstehung zu tun haben. Spricht er von einem Zauber? Nein, es ist nur die Art des Künstlers und Oberkellners, über verschiedene Themen auf einmal zu sprechen und sie als einen Komplex zu betrachten.

Die Logik liegt hier in der Einheit des scheinbar Unvereinbaren. Nun spricht er auf ein Mal über einen alten Fahrschein, seinen Bruder und über die Kunst, Koteletts einzulegen. Er möchte gerne das Kotelett bei mir fein zubereiten, bei jemandem, bei dem er eine kleine Heimat hat, mit ihm über das Bild und den Schmetterling reden, warum er bei ihm erschien, dass er erschien und über die Unsterblichkeit an sich.

Der Tritt

Ein Gast beschimpft im Eiscafé einen anderen als Schmarotzer und Betrüger über zwei Tische hinweg. Seine Worte werden immer böser. Er läuft im Gesicht rot an. Der andere Gast bleibt ruhig, liest die Zeitung, auf die er sich bald nicht mehr konzentrieren kann.

Worum geht es? Der schimpfende Gast hat Bläschen im Mund und keine Krankenversicherung. Vor Wochen fragt er den Zeitung lesenden Kaffeetrinker nach seinem Arzt, ob dieser „gut" und „kein Wucherer" sei, so wie die anderen.

Der Zeitungsleser gibt ihm die Adresse. Nach ein paar Wochen bekommt er einen unangenehmen Anruf von ihm: Sein Arzt sei ein Betrüger und er habe ihn wegen zu hoher Kosten bei der Kassenärztlichen Vereinigung angezeigt. Er beschuldigt den Zeitungsleser, vom Arzt eine Provision für seine Vermittlung bekommen zu haben.

Außerdem sei eine Weltverschwörung gegen ihn im Gange. Es würden Dinge von „oben" gesteuert.

Bei einem Telefonat mit seinem Arzt erfährt der Zeitungsleser, dass der außer Rand und Band geratene Gast Bläschen am ganzen Körper habe und die Behandlung eben Geld koste.

Der Zeitungsleser beschließt, nie wieder in seinem Leben etwas zu empfehlen.

Der Gast schimpft sich ins Bodenlose. Zwischen beiden Protagonisten sitzt eine Unbeteiligte und trinkt einen Espresso. Er versucht die Frau über die Weltverschwörung aufzuklären. Aber sie gibt sich natürlich ahnungslos.

Er zeigt mit dem Finger auf den lesenden Gast und sagt: „Da sitzt er, der böse Mann!"

Die Frau zuckt ratlos mit den Achseln, trinkt ihren Espresso aus und geht.

Plötzlich wird dem ruhigen Zeitungsleser ganz heiß in den Händen, im Kopf und an den Füßen. Wie ferngesteuert erhebt er die Flasche Sprudel bedrohlich vor dem Schimpfenden, der still wird, sich aus seiner Sitzecke befreit und fragt, ob der Zeitungsleser verrückt sei, der ihn lautstark auffordert, das Eiscafé zu verlassen und mit dem Finger zum Ausgang zeigt.

Kleinlaut pocht der Gemeinte auf sein Gastrecht. Der Zeitungsleser sei nicht der Besitzer des Lokals!

„Jetzt schon!", sagt dieser und treibt ihn mit schnellem Schritt zur Tür. Dort bleibt der von der Weltverschwörung Betroffene verdutzt stehen.

Der Zeitungsleser gibt ihm einen Tritt in den Hintern, damit seine Flucht schneller gelingt. „Das hier ist zur Heilung der größten Blase, der am Hinterteil", ruft er ihm auf der Straße nach.

In welcher Welt wird der Weltverschwörer einmal ankommen?

Die Kellnerin hat schlechte Laune

Die Kellnerin hat fast immer schlechte Laune. Die Kunden werden aggressiv oder devot. Der Genuss von starkem Kaffee beeinträchtigt zudem ihr Herz.

Der Regen draußen fällt in kleinen Dosen herab. Es wird für Fußgänger gefährlich. Sie verletzen sich an scharfen Kanten und haben Angst spazieren zu gehen.

Die Fußgänger flüchten vor dem sauren Regen in das Eiscafé und werden zu Kunden der schlecht gelaunten Kellnerin. Aus Anstand trinken sie einen Kaffee.

Weil die Kellnerin so streng ist, haben die Kunden auch Angst zu kleckern, gemaßregelt oder bestraft zu werden, wie in ihrer Kindheit. Und weil sie Angst haben, machen sie alles falsch.

Magie der Tische

Die Tische und Stühle stehen nicht leblos und stumm herum. Wenn kein Gast da ist, erzählen sie von denen, die daran saßen. Wenn sie unbesetzt sind, warten die Tische geduldig auf ihre Besucher.

Vor einiger Zeit blieb am Tisch eins nahe der Tür der Richter aus. Wir erfuhren, dass er gestorben sei. Wir sagten: „Mensch, gestern hat er hier mit uns noch gesessen und jetzt ist er tot. Er sah noch so gut aus!"

Zwei Wochen später hieß es, dass es am Tisch zwei die Rentnerin Silvina mit der pelzartigen Perücke getroffen hat. Wir sagten: „Mensch, gestern hat sie hier noch mit uns gesessen und jetzt ist sie tot. Sie sah noch so gut aus!"

Nur eine Weile dauerte es, dass wir in der Zeitung lasen, dass unser zweifelhafter Kaffeehausgenosse und

Bordellbesitzer vom Tisch drei ermordet wurde. Unsere dezimierte Kaffeehausgemeinschaft stellte fest: „Mensch, gestern hat er hier noch mit uns gesessen und jetzt ist er tot. Er sah noch so gut aus!"

Wir sitzen alle am Tisch vier und es wird uns mulmig. Das Ergebnis einer tiefschürfenden Diskussion ist, dass wir dort vorsichtshalber die nächste Zeit nicht Platz nehmen werden. Uneinig sind wir uns, ob der „Todesfaktor" im Objekt des Tisches liegt oder am Platz. Der Lehrer schlägt vor, die Tische eins, zwei und drei auszutauschen und nach hinten zu verbannen. Wir könnten dann andere Gäste bei ihrem Überlebenskampf beobachten. Der Fahrradschrauber kann der Maßnahme nichts abgewinnen. Er empfiehlt den Abriss des Hauses.

Nach den Erfahrungen der letzten Tage ziehen wir den Schluss, dass „gut aussehen" ein schlechtes Omen ist. Und wir sind froh, dass wir heute Morgen sichtbar müde und abgeschlagen am Tisch sitzen, an dem sich unser Schicksal entscheidet.

Der Taxifahrer entdeckt in der Zeitung eine Todesanzeige. Karl Schubert ist gestorben. Das kann doch nicht wahr sein. Der sitzt doch neben uns!

Wir sind fassungslos und studieren die Trauerworte in der Anzeige: „Er war uns ein guter Freund, Ehemann und Vater."

Nach dem Lesen betrachten wir Karl Schubert, der davon unbeeindruckt seinen Kaffee schlürft. Einige von uns schauen ihn ein wenig vorwurfsvoll an.

„Da hat sich bestimmt einer einen Spaß erlaubt", meint Schubert.

„Oder es ist wirklich ein Namens-Doppelgänger", mutmaßt der Maler.

Die Verkäuferin von der Drogerie erzählt, sie habe auch mal vor ihrem Grab gestanden.

Jetzt wird es beliebig, die Stimmung schlägt ins Komische um. Der Kellner meint, er sei auch schon lange tot. Und der Kaffee, den wir trinken, auch.

Wie immer, wenn es um das Verschwinden von Existenzen geht, kommt der Wunsch nach Verewigung auf. Dabei denken wir an die marmorne Wandverkleidung am Eingang. Mit goldener Schrift könnten einmal unsere Namen eingraviert werden: „Hier saßen ... von ... bis ... aufrichtige, unvergessliche Kaffeetrinker und dachten über die Welt nach!"

Weihnachten mit Panettone

An Heiligabend gibt es vom Betreiber des Eiscafés bunte Kartons, auf denen „Panettone" steht.

Das Backwerk sieht aus wie eine Kuppel, ist aus Weizensauerteig gebacken und enthält kandierte Früchte und Rosinen. Es ist kaum zu fassen, was sich Italiener alles einfallen lassen!

Der Betreiber des Eiscafés setzt sich an unseren Tisch, als brauchten wir Zuspruch und Betreuung in Anbetracht des Festes. Er erklärt fachmännisch, wie man den Panettone verkostet.

Man trennt mit einem scharfen Messer aus der ganzen Kuppel eine Scheibe heraus und serviert sie auf einem Teller. Jetzt nimmt man das weiche, gut nach Weizensauerteig und Früchten riechende Stück und tunkt es in ein Glas Prosecco, nimmt es wieder heraus, dann isst man das nasse Labberige.

Während dieser Anleitung gelingt es dem italienischen Betreiber des Eiscafés, den neuerlichen Konsum eines alkoholischen Getränks kulturell zu untermauern.

Wir am Tisch sind ungläubig, wir tunken das Stück

lieber in eine Tasse Cappuccino. Mir schmeckt das Sauerteiggemisch mit Kaffee und Sahne besser.

Manche Gäste bekommen einen selbstgebrannten Grappa aus dem Friaul als Weihnachtsgeschenk, ganz frisch, er brennt noch, besonders in der Kehle. Er riecht nach Vergeltung und schmeckt auch danach. Der italienische Betreiber des Eiscafés hat bereits ein sehr rotes Gesicht, speziell die Ohren sind betroffen. Er ist immer etwas schelmisch und ein guter Unterhalter. Um ihn sitzen Gäste, die sich von ihm angezogen fühlen, weil für sie Italien immer noch das Land ist, wo die Zitronen blühen.

Auch Italiener, die sich ein Stück Heimat abholen wollen, sind dabei. Den Grappa gibt es in kleinen geschwungenen Glasflaschen als Geschenk, in denen Wacholderbeeren schwimmen oder undefinierbares Kraut steckt. Ich frage schon jahrelang, was das für Kraut ist, und es heißt immer: Spargelkraut.

Die Geschenke sind günstig. Der selbstgemachte Grappa findet den Weg über die Alpen in großen bauchigen Flaschen. Manchmal springt der Pfropfen, getrieben von der Gewalt der scharfen Flüssigkeit, auf der Brenner-Autobahn ab. Der Geist will raus, in Italien bleiben!

Der italienische Betreiber des Eiscafés meint, auf der Fahrt nach Deutschland reift der Grappa besonders. Ja, die Geschichten, die er erzählt, sind schön und meistens ist ihr Wahrheitsgehalt herrlich übertrieben.

Die Flasche Prosecco kostet gerade mal 2 Mark 80. Da macht es Freude zu schenken und großzügig zu sein. Eines Tages werden die italienischen guten Sachen Kult werden und teuer, dann ist es mit dieser Freude und der Freigebigkeit vorbei.

Mein Schulfreund taucht auf, der gerne „Mafioso" trinkt, einen heißen Amaretto mit Sahne, serviert aus Gefäßen, die ich mit dem Betreiber aus den Carrara-

Steinbrüchen bei einer Spritztour durch Italien geholt habe. Aus Marmorbechern schlürfen wir das schwere Getränk. Es wärmt innerlich, der Kopf glüht, die Beine sind aber immer noch eiskalt, weil die einzige Heizung in der Wand zu schwach ist.

Ausgerechnet heute, wo es so kalt ist, sitzt ein dicker Mann vor der Heizung und bunkert alle Wärme für sich. Er gibt uns einfach nichts ab. „Jetzt steh´ doch mal auf, du Egoist", meint der Lehrer, „wir wollen´s auch mal kuschelig haben!"

Ins Eiscafé kommt der Weihnachtsmann, der im Auftrag der Ladenbesitzer der Leipziger Straße Geschenke an Kinder verteilt. Er schwitzt in seinem Kleid.

„Mein Gott, sind Kinder heute anspruchsvoll! Und Erwachsene empfindlich! Hat doch glatt einer gesagt: 'Lassen Sie mein Kind in Ruhe, Sie Schwein!' Dabei wollt´ ich nur ein Päckchen geben und hab' mich beim Verteilen herunter gebeugt, da fing das Kind schon an zu weinen. Mein Gott, das sind Zeiten, in denen der Weihnachtsmann zum Kriminellen abgestempelt wird!"

Die Preiserhöhung und das Fleisch

Der Cappuccino kostet heute plötzlich drei Mark, nicht mehr 2,80 Mark. Und das über Nacht. Klammheimlich hat der Betreiber des Eiscafés die Preise erhöht. Dabei sind wir miteinander per Du.

„Muss", sagt er dazu.

Es ist das Gesprächsthema in unserer Runde. Einige wollen das Eiscafé boykottieren. Mängel gibt es schon lange. Aus der Holzverschalung an der Wand ragen Nägel, die Heizung ist seit Jahren kaputt, die Wände sind abgeschabt. Die Kühlschränke brüllen laut.

Anderen ist es egal. Sie sagen, es würde alles teurer. Die Kellnerin meint, jetzt sei endlich Schluss mit den kleinen Münzen. Für das Trinkgeld ist es schlecht. Aber wenn es ihr egal ist, kommt es sowieso in einen Topf.

Die Preiserhöhung wirft in unserer Runde die Frage vom gerechten Lohn und fairen Preis auf. Der Betreiber des Eiscafés fährt mit seinem großen Auto vor, lädt ein paar Eiskübel aus. „Da fließt unser schönes Geld hin", sagt der Student. Der Laden ist abgeranzt. Aber die Miete ist hoch.

Die alte Dame ist leider gestorben, die das Haus besaß, auf eine angemessene Miete und die Tradition achtete. Solche Zeiten sind vorbei.

Früher war hier eine Metzgerei drin. Oder sagt man Fleischerei? Das sieht man, weil der Eingang zum Geschäft zwei Stufen nach oben hat. Der Keller ist etwas erhöht. Dort gibt noch die Haken an der Decke, an denen Schweinehälften hingen. Ich habe sie gesehen! Die Haken natürlich. Damals gab es in jeder Straße zwei oder drei Metzgereien oder Fleischereien.

„Aha! Der Fleischer ist auch der Schlachter?"

„Jedenfalls bei uns in Norddeutschland."

Der örtliche Musikalienhändler, ein Vegetarier, sagte einmal zu mir, man würde durch das Fleischessen aggressiv. Man könne es den Menschen ansehen, dass sie Getötetes äßen. Sitzen wir also knapp über kotelettierten Seelen vergangener Zeiten und verrohen klammheimlich? Die augenscheinliche Kaltblütigkeit der Gesellschaft gibt ihm Recht.

Niemand ist gezwungen, hier zu sitzen. Aber die Stammgäste fühlen ihre Heimat durch die Preiserhöhung bedroht. Sie berufen sich auf ein Anrecht, das es nicht gibt. Durch regelmäßige Besuche im Eiscafé hoffen sie auf Dauerhaftigkeit.

Der Systemspieler

Dimitrios studiert den wöchentlich erscheinenden *Toto-wink*, den ich jeden Freitag vom Zigarren- und Toto-Lotto-Laden hole. Wir falten ihn drei Mal auf und entzünden eine Zigarette. Der Kellner stellt ungefragt eine Tasse Kaffee und einen Cappuccino auf den Tisch.

Am Freitagvormittag widmen wir uns der philosophischen Frage, ob durch einen fachmännischen Blick ins Jetzt die Deutung der Zukunft möglich ist. Die Spielbeschreibungen der Fußball-Bundesliga, Prognosen, Spielausfälle, das Wetter, die Statistiken über vorangegangene Spiele studieren und diskutieren wir akribisch.

Wir lesen die Sportberichte in den Tageszeitungen über die elf Spielbegegnungen, die auf dem Spielschein vermerkt sind. In Duisburg ist der Torwart verletzt. In München der Torjäger. Dort gab es einen Trainerwechsel. Schnee ist für Samstag angesagt. In kleinen Stadien können solche Ereignisse Spiele entscheiden. Bei Spielausfall wird das Ergebnis ausgelost.

„Die Eintracht aus Frankfurt verliert sowieso gegen Bayern", sagt der Fahrradverrückte. Er ist heute nervöser als sonst drauf. „Aber, du weißt hoffentlich, die Eintracht macht gegen große Gegner oft gute Spiele, dafür verlieren sie gerne beim Tabellenletzten, da ist sie generös."

„Also tippen wir auf die Eintracht?"

„Ja! Und zur Sicherheit setzen wir eine Zweierbank. Auf Gewinnen und Verlieren. Sieg oder Untergang. Man weiß ja nie! Ob die das von der Eintracht auch wissen?"

Ich hole sieben Tippscheine heraus und beginne systematisch in die Elferreihen insgesamt 704 Kreuze zu setzen. Ich darf jetzt nichts falsch machen, sonst ist das selbstgemachte System kaputt und der mögliche Gewinn hin.

Dimitrios verkrümelt sich. Er muss mittags im Lokal bedienen, solange er nicht reich ist. Ich darf mich jetzt nicht vom freundlichen Ehepaar aus dem Modegeschäft und der Verkäuferin aus der Drogerie beim Ausfüllen aus der Ruhe bringen lassen. Es heißt zählen, kreuzen und genau so, dass auch der Durchschlag des Tippscheins, der an uns Tipper geht, lesbar ist.

Warum muss der Kellner ausgerechnet jetzt den Boden wischen? Warum springt eine unschlüssige Maus die zwei Stufen am Eingang hoch und erschreckt Gäste? Jetzt, wo der Schlüssel zur Zukunft gerade in meiner Hand liegt?

Virgilio

Ein Kellner heißt Virgilio. Manche sagen auch Virginio. Dieser zarte und blasse Mensch sieht wie ein römischer Lyriker aus. Ständig wirkt er versonnen und in einer anderen Welt. Das wenige seidendünne Haar auf seinem Haupt streicht er liebevoll mit dem Kamm zur linken Seite. Seine Stirn glänzt. Ohne dass er nur eine Zeile schreibt, warten die Gäste auf sein lyrisches Feuerwerk.

Wenn er verträumt mit seinen runden Augen hinter der Theke hervorschaut, meint man, er ersinnt eine Kapriole, er hat einen großen Einfall oder ein schönes Sprachbild geistert durch sein zartes Haupt, das mit einem flaumigen Bart an der Oberlippe sparsam bewachsen ist. Kleine, eher runde und rote Lippen warten auf einen Reiz von außen, den sie mit einem lüsternen Zucken beantworten.

Es ist seine Langsamkeit, die schön aussieht. Es ist die Poesie seiner geschmeidigen Bewegung. Seichte, liebliche Worte kommen verschämt über seine Lippen.

Wenn die Damen zur Tür hereinkommen, singt er sie an: Bella Signorina, Bella Signora, Buona mattina, Ciao! Dabei trällert, säuselt und flüstert er jede Begrüßung anders. Für jede Dame besonders. Er breitet seine Lippen zum unwiderstehlichen Lächeln. Sein Flaum an der Oberlippe verliert ein wertvolles Haar. Ja, er wird sogar rot!

Verlassen die Damen das Eiscafé, ruft er ihnen Schönes hinterher. Jetzt ist es gerade wieder soweit: „Scheene Tage", summt er einer aparten Erscheinung zu.

Die blickt sich um und antwortet keck: „Woher wissen Sie?"

Blutbad

Das Eiscafé ist leer von Gästen. Auch die Bedienung ist nicht da. Ich schaue hinter die Theke und sehe den Boden, die Wände und Geräte mit Blut bespritzt.

Ich erwäge schon die Polizei zu rufen, da kommt die sonst schlecht gelaunte Kellnerin mit der Schürze voller Rot lachend aus der Damentoilette, so als hätte sie gerade eine Sau geschlachtet.

Eine schräge Frau habe ihren beliebten Erdbeer-Becher bemängelt und ein unverhältnismäßiges Mehr an Erdbeersoße eingefordert. Sie habe ihr sogar einen Nachschlag aus der großen langen Plastikflasche gewährt.

Als die Frau noch mehr Erdbeersoße dreist forderte, verweigerte sie ihren Wunsch. Daraufhin sei die Frau wie verrückt hinter die Theke gestürmt und habe die Plastikflasche gegriffen.

Es kam zu einem wilden Gezerre um das Objekt. Durch den Druck der Frauenhände löste sich oben der Stöpsel. Die Erdbeersoße spritzte aus der Öffnung und richtete eine süße Schweinerei am Tatort an.

U-Bahn

Beim U-Bahn-Bau ist das Eiscafé leer von Gästen. Es ist kaum am Tisch beim Cappuccino auszuhalten. Rammen dringen unerbittlich in das Erdreich der Leipziger Straße ein. Ich sitze allein, halte meine Tasse fest, weil sie vom Beben der Erde hochspringt. Ich bin fassungslos, was man mit unserer Straße alles anstellt und sehne mich nach der früher hier fahrenden Bimmelbahn, die eingleisig gemächlich mit offenen Türen fuhr. Da war ich ein Kind.

Ich brauche keine Schnelligkeit, ich will die Dinge in Ruhe anschauen können und über ihren Sinn und Zweck nachdenken.

Wir befinden uns Anfang der 80er Jahre. 1986 ist die U-Bahn fertig.

Tschernobyl 1986: 26. April

Die Sonne scheint, die Glastür des Eiscafés steht einladend offen, Kinder kaufen an der Theke Eis. Die Welt ist in Ordnung, wir studieren und arbeiten.

Plötzlich die Meldung. Der Unfall wird kleingeredet. Die Studierenden der Biologie haben in der Uni die Strahlen am Körper gemessen, ziehen zuhause vor der Tür ihre Schuhe aus, wechseln die Kleidung, machen sich Gedanken um die Natur und die Lebensmittel.

Dumpfe Panik bricht beim Cappuccino aus. Wir wissen mehr, als uns die Politiker und Medien sagen. Sie beschwichtigen. Im Eiscafé glauben wir, sicher vor Strahlung zu sein. Der Kaffee ist bestimmt nicht betroffen. Auch nicht das Wasser. Es kommt wie immer aus der Leitung. Kann einfach nicht sein.

„Stellt euch vor", erzähle ich am anderen Tag, „als ich

gestern heimkam, saßen Mutter und Vater am Küchentisch und aßen Pilze, die sie im Stadtwald gefunden hatten."

„Und Tschernobyl?", fragte ich sie.

„Ach, alles Quatsch! Wir haben sie doch selbst gesammelt."

Eisiges Café

Ein Gast hat eine alte Rollheizung aus seiner Abstellkammer geholt, mühsam über die Leipziger Straße geschoben und dem Eiscafé gespendet. So kann es ja nicht weitergehen! Der Atem gefriert schon.

Wir wärmen unsere kalten Hände zwischen den Rippen der Heizung, einige umfassen mit Halbfingerhandschuhen die heiße Kaffeetasse, hauchen die Hände warm, die schon schmerzen.

Der Kellner wiegelt alle Beschwerden über die klimatische Lage im Eiscafé ab. Der Hausbesitzer lässt sich seit Jahren aus Kostengründen nicht für eine Heizung erwärmen.

Lila, die Frau des Kellners, balanciert eine Schüssel heißes Wasser in Richtung Toilette. Es entstehen Dampfschwaden im Eiscafé. Sie schüttet es in die Kloschüssel. Der Siphon ist zugefroren. Eine Frau hat unbedacht einen Haufen auf das gefrorene Wasser gemacht, steht beschämt und ratlos vor der Tür zur Toilette.

Das Peinliche fällt nicht auf. Gäste machen sich den Spaß, aus dem Mund Kondenswolken in den Raum zu hauchen, die in der Luft stehen bleiben. Besonders nach dem Genuss von heißen Getränken gelingen sie schön.

Jede kleine Erwärmung wird von den treuen Gästen mit Applaus begleitet.

Wir beginnen uns zu umarmen und einander die Hände zu reiben. „Immer noch besser als menschliche Kälte", rufen wir einander zu. „Nein, hier ist kein Kennenlernseminar", sagen wir Hereinkommenden. „Wir wärmen uns nur!"

Meine Zehen sind eiskalt, dabei habe ich dicke Stiefel mit Lammfelleinlagen angezogen, die einst einem Postbeamten vorm Krieg gehörten. Lange Unterhosen trage ich auch. Ich bestelle noch einen Cappuccino und schütte das heiße Getränk in Gedanken über meine Zehen.

Der Raucher, der sonst wegen seines Qualms gescholten wird, tut mit seiner brennenden Zigarette einen guten Dienst. Eine Rentnerin hat den Kaninchenmantel ihrer Mutter angezogen. Die Felle der Tiere sind aneinander genäht, als würden sie noch leben und an der Rentnerin schlafen. Ich glaube, auf dem Kopf hat sie einen Dachs.

Ein Zuviel an Kleidung finde ich in der Kälte unsportlich. Die Stromkabel zur Rollheizung liegen teilweise blank. Wer versucht, das Gerät eigennützig zu sich zu schieben, könnte mit einem Schlag tot sein. Sind die verbliebenen Gäste etwa lebensmüde?

Ich habe gelesen, dass Künstler vor mehr als hundert Jahren im Winter in den geheizten Wiener Cafés den Tag und den Abend verbrachten, weil sie zuhause froren.

Der Betreiber des Eiscafés friert nicht. Er bewegt sich, raucht und denkt an die Stromrechnung. Kuchen hat er nicht mehr, aber eine kleine Auswahl an Speiseeis. Wenn jemand über die Kälte in seinem Eiscafé meckert, sagt er den bei allen Gästen beliebten Satz: „Das ist schließlich hier ein Eiscafé."

Brummen

Das Brummen der Maschinen kennt man von startbereiten Flugzeugen. Es löst die frohe Erwartung des Abflugs und der Ferne aus. Technisch geballte Kraft, geschaffen durch menschliche Intelligenz.

Die Kühlaggregate in der Eistheke brüllen im Sommer laut, wenn sie große Leistungen vollbringen. Sie schalten sich aufdringlich in den gesellschaftlichen Betrieb ein. Unterhaltungen sind dann schwer möglich.

Der Techniker aus dem Bereich privater Hilfsdienste lässt auf sich warten. Ein offizieller Reparateur würde einen Totalschaden ermitteln und den Katalog für eine neue Eistheke aus der Tasche packen.

So krächzt, rattert, hüstelt, stolpert, vibriert, bohrt und bebt es weiter im Eiscafé.

Die Gäste freunden sich mit allerlei Geräuschen an, lernen sie zu lieben und zu vermissen. Das Wummern der Kühlaggregate, Ticken des Toasters, Brummen der Sahnemaschine und des Kaffeeautomaten, Surren der Spülmaschine, Poltern der Stühle: Ja, man kann hier von moderner Musik sprechen, wenn alle Geräusche zusammenwirken.

Kulturschaffende laben sich am Gepolter der Kühlmaschinen. Einige Gäste meinen sogar Stimmen zu hören. Maschinen werden so zu Lebewesen und bekommen eine Seele zugesprochen.

Im Eiscafé herrscht durch das Wummern der Maschinen das Gefühl von Aufbruch und Abfahrt, als wären wir auf dem Flughafen. Solange wir nicht in die Luft abheben, bleiben wir an unseren angestammten Plätzen mit einer Tasse Cappuccino in der Hand sitzen und tun, was wir am besten können: warten.

Weiße Ränder

Weiße Ränder der Seiten von Tageszeitungen werden mit dem Fortlauf der Moderne schmaler.

Sie führen schon immer eine Randexistenz und sind bedroht, weil die Verlage Papier sparen wollen.

Die Ränder sind Orte der Ruhe, des Nachdenkens und ein Gegenentwurf zur Sagbarkeit, weil nichts geschrieben steht. Man kann und muss sie sogar anfassen.

Es gibt Leser, die diese Ruhe brechen und Notizen auf die weißen Ränder schreiben. Es braucht offenbar gehörigen Mut, unbeschriebene Ränder zu ertragen, die vom Nichts erzählen.

Im Eiscafé klammert der Zeitungshalter das Tagwerk der Redaktion am linken Rand zusammen. So wird die Zeitung vorm Zerfleddern bewahrt. Die Gäste wollen die Neuigkeiten in der richtigen Reihenfolge lesen.

Das Stöhnen

Beim Aufstehen vom Kaffeehausstuhl wird meist von Männern eine Art Stöhnen ausgeübt. Ein vom Schmerz geleitetes, lang anhaltendes „UAAA", ein affiges kurzes „A" bis hin zum „OOOH".

Es drückt den langen Willensprozess des Gehenwollens oder des Gehenmüssens aus, begleitet von der Trägheit des Körpers und seines Widerstandes, aufstehen zu wollen.

Vor dem Ausstoß eines Lautes dominiert eine Phase der Besinnung. Die Argumente, vom Ruhen in die Bewegung umzuschalten, müssen vom Kaffeehaussitzer physisch, psychisch und philosophisch abgewogen werden. „Besser keine Bewegung als eine tote Bewegung", denkt der Stammgast. „Eine unnütze Bewegung macht das Leben womöglich nur komplizierter." Wege, die man sich ersparen kann, können neue Freiräume schaffen, Kräfte entfachen und durchdachte Taten nach sich ziehen.

Im schlimmsten Fall fehlen dem Kaffeehaussitzer die Argumente aufzustehen und er bleibt bis zur Schließung des Eiscafés sitzen, bis es ungemütlich wird, stinkende Dämpfe von Putzmitteln und dumpfe Geräusche eines Eimers ihn vertreiben.

Daher heißt die Kaffeehausregel:

WENN DU GRÜNDE HAST, NACH ALLER ABWÄGUNG AUF IHRE WIRKLICHE NOTWENDIGKEIT, DANN GEHE! WENN ES ETWAS IN DEINEM LEBEN GIBT, DAS DICH WEITERBRINGT ODER FREUDE BEREITET, GEHE IN DIE WELT! WENN NICHT, BLEIBE SITZEN IM STADIUM DER GRUNDLOSIGKEIT UND BEOBACHTE ANDERE BEI IHREN BEMÜHUNGEN, ZIELE ZU ERREICHEN UND RÄSONIERE DABEI.

Das Stöhnen ist nicht nur ein Ausdruck von Schmerz durch die Zerstörung des Ruhezustands, sondern bedeutet Wille zum Aufbruch und den Versuch der Überwindung der Trägheit.

Die Geräusche beim Aufstehen pflanzen sich unter den Gästen epidemisch fort und werden zur kultischen Äußerung, wie das „Amen" in der Kirche.

Ähnlich epidemisch verbreitet sich eine neue Ausdrucksart des männlichen Kaffeehausbesuchers. Es reicht ihm nicht das Stöhnen beim Aufstehen. Nein, er braucht es auch beim Hinsetzen. Hier klingt es nach Befreiung, als würden sich die Herren in himmlische Watte setzen und alle Last dieser Welt von ihnen abfallen.

Das Stöhnen der Männer kommt auch als Brummen vor, was zugleich eine Begrüßung der Artgenossen sein kann. Manchmal klingt es wie ein Aufschrei. Statt einem Abschied oder einer Begrüßung, gibt es wie beim Aufstehen oder Hinsetzen einfache Laute wie „AAA", „MMM" oder „ÄÄÄ".

Kugeln im Café

Der Kellner schöpft an der Theke mit der Eiszange aus dem Kübel Stracciatella-Eis. Er formt aus der kalten Creme eine Kugel. Wie ein Artist wirft er sie im Bogen in einen Pappbecher. „Noch eine, schöne Frau?", fragt er.

Die ist geschmeichelt und säuselt: „Pfefferminz". Er reinigt die Eiszange im Wasserbehälter an der Seite des Kübels, öffnet sie und fährt an der Oberfläche der Creme aus Pfefferminz-Eis entlang und häuft eine Kugel an. „Prego, bella Seniora!"

„Das war´s", sagte sie.

Der Kellner verpasst dem Eis einen Sonnenschirm aus Papier, der an Strandurlaub erinnert. Er hat auch kleine Bäumchen aus Stanniol parat, die er nicht bei einer so aparten Dame einsetzt. Zwei runde Waffeln steckt er zu einem V und sagt „Ecco!"

„Bitte einpacken", wünscht die Erfreute.

Der Kellner reißt einen Bogen von der Papierrolle ab und schneidet ihn zurecht. Er wickelt den Eis-Becher damit ein und umschließt ihn mit Klebestreifen.

„Voila! Der Nächste bitte!"

Es ist ein Kind, das einen Zettel in der Hand hält und sich nicht traut zu sprechen. Es sagt nur: „Eis!"

„Ja, was denn für eins?"

„Weiß nicht!" Es fängt an zu weinen.

„Du hast doch einen Zettel von deiner Mama?"

„Ja!"

„Willst du ihn mir mal geben?"

„Nein!"

„Warum nicht?"

„Weiß nicht."

„Du kriegst auch einen Keks!"

Das Kind ist zu klein, um den Zettel über die hohe Theke zu reichen. Der Kellner kommt nach vorn und nimmt ihn entgegen. Darauf steht geschrieben: Butter, Milch, Käse.

Auch die Gäste rätseln. Vielleicht will das Kind in ein Lebensmittelgeschäft? Ach so, den Zettel muss man herumdrehen! „Für fünf Mark gemischtes Eis. Dafür bekommst du zehn Kugeln", sagt der Kellner Udo.

„Und von mir kriegst du noch einen blauen Sonnenschirm!"

Bedeutung von Kugeln

Kugeln sind im Eiscafé essbar, da sie aus Eiscreme sind. Sie üben eine Faszination aus. Nicht nur Kinder werden von den bunten Kugeln magisch angezogen.

In den alten Wiener Kaffeehäusern waren die Pforten auch nachts offen. Es gab Räume für das Schachspiel und Billard.

Mit Kugeln zu spielen, hat sich leider in Kaffeehäusern nicht gehalten. Einer Kugel mit Fertigkeit Kraft zu verleihen, damit sie auf einer geplanten Bahn rollt, ist im Café außer Mode gekommen. Die Fähigkeit mit dem Queue eine Kugel zu stoßen, dass sie eine andere fachgerecht trifft, ist in Kaffeehäusern nicht mehr gefragt.

Die Betreiber halten solche Spiele in den Gasträumen für unwirtschaftlich, weil sie die Ruhe und Langsamkeit fördern. Unter Hast und Schnelligkeit wechselt die Kundschaft häufiger.

Die Geschicke der Welt in eine richtige Bahn zu leiten und herrschende Kräfte ins Gleichgewicht zu bringen, könnten die Gäste beim Spiel lernen.

Leider ist die Welt aus den Fugen geraten. So finden sich heute die Kugeln in den Mündern und Rachen von Eisessern wieder. Die kalten Reste der einstigen Billard-Kultur werden heute einverleibt. Die Kugeln rollen nicht auf dem Tisch, sie zerfließen in den Mägen und sind aus Wasser, Zucker, Farb- und Geschmacksstoffen. Die Verdauungstrakte sind heutzutage die Kulturhallen. Aber wer bloß hält demnächst durch kunstvolles Spiel und Geschicklichkeit die Welt zusammen?

Kaffeebeilage

Eine Zeit lang gibt es für eine Mark zum Kaffee eine süße Backbeilage. Sie heißt Pandorino. Nicht zu verwechseln mit der Büchse der Pandora. Das handgroße, süße und locker gebackene Kuchenteigstück ist der kleine Bruder des Panettone. Es ist in eine Plastiktüte mit viel Luft verpackt. Ein Riesenspaß ist es, die Verpackung zwischen den Händen platzen zu lassen. Es gibt einen Knall, der die Gäste erschreckt. Entweicht die Luft aus der Tüte, riecht es herrlich nach Quark und Früchten.

Zuweilen gibt es auch hauseigenes Tiramisu und sogenannte Profiterole zum Kaffee, auch liebevoll von den Gästen „Profitrollen" genannt, weil sie den Betreiber des Eiscafés reich machen. Eine Art italienischer Windbeutel, nur mit Schokoüberzug. In der Kühlvitrine sind die mit Sahnecreme gefüllten Kugeln auf einem Teller zu einer Pyramide aufgeschichtet und sehen wie Kanonenkugeln aus Kriegen vergangener Zeiten aus. Ohne große Sauerei kann man sie mit dem Löffel nicht voneinander trennen. Die weiche Schokolade klebt an Tischen, Stühlen, Tassen und Händen, die sich beim Schütteln anderer weiter verbreitet. Es gibt auch selbstgebackenen Käsekuchen, wenn die Eissaison vorbei ist.

Unübertroffen in der Nachfrage erweist sich der Wischschwamm auf der blanken Arbeitsfläche der Theke, der wie ein flaches Stück Rührkuchen aussieht. Er dient zur schnellen Beseitigung von Wasserflecken auf der blitzsauberen Theke.

Täglich kommen Kunden, die dieses schwammige Stück bestellen. Selbst nach Aufklärung ihres Missverständnisses halten sie unbeirrt am Wunsch fest, es essen zu wollen.

Verschwinden

Jeden Tag verschwinden Zuckerstreuer. Auch Aschenbecher aus Glas. Zuweilen rutschen sie vom glatten Tisch. Sie zersplittern dann nicht in tausend Stücke. Sie sind für solche Fälle gefertigt.

Die bunt bedruckte Eiskarte steht hochkant zwischen dem Zuckerstreuer und dem Aschenbecher oder in einem metallischen Klemmhalter. Daher kippt sie oft nach dem Gebrauch der Gäste um und sogar vom Tisch. Das erzürnt den Kellner. Er schimpft über tapsige Eisesser. Als wären sie kleine Kinder, die nicht artig sind.

Die Karte ist abgegriffen, verklebt vom Süß und voller Flecken. Sie ist kein Aushängeschild für das Eiscafé. Bei Erhöhungen werden die alten Preise mit schwarzem Stift überschrieben, sind aber noch zu erahnen. Das macht die Gäste traurig und unversöhnlich, denn sie sehen den Wandel der Zeit mit gemischten Gefühlen und hätten es gern, dass der Cappuccino im Preis eine feste Burg bleibt.

Als Entschädigung für Preiserhöhungen oder aus Sammelleidenschaft nehmen Kunden die Zuckerstreuer mit nach Hause. Passiert das ein Mal am Tag, sind das 365 im Jahr. Rechnet man die Aschenbecher dazu, sind es 730 Stücke. Müsste der Eiscafébetreiber so viele Aschenbecher und Zuckerstreuer lagern, bräuchte er ein riesiges Depot.

Die kleinen roten Stoffdeckchen auf den Tischen, als Verschönerung gedacht, haben Brandlöcher und Flecken. Sie sind völlig sinnlos, aber der Betreiber hält an ihnen fest. Sie definieren die Mitte des Tischs.

Beim Abwischen lässt die Kellnerin zuweilen ihren nassen Lappen liegen, wenn sie eilig abgerufen wird. Der Lappen sieht aus, als hätte jemand einen auslaufenden Käse auf den Tisch vergessen.

Die Kaffeebeilage ist neuerdings ein Keks, der das ganze Jahr über nach Weihnachten schmeckt. Das Einwickelpapier ist rot und an den Seiten durchsichtig. Nach einiger Zeit hat man ihn satt. Oft bleibt er auf den Tischen liegen, was den Betreiber fiskalisch erfreut. Der nächste Gast bekommt ihn auf seine Kaffeeuntertasse. Wenn er die Kunststoffhülle aufreißt und den nunmehr zerbröselten Keks isst, liegen später Krümel auf dem Tisch und dem Stuhl.

Die Verpackung fliegt vom Wind der vorbeieilenden Kellnerin auf den Boden, wandert im Eiscafé nach Belieben herum und klebt an den Schuhsohlen.

Der Beilagenkeks ist ein Beispiel für die wirtschaftliche Praxis in unserer Zeit. Der Keks macht Probleme, aber er breitet sich in ganz Deutschland und Europa aus. Selbst an entfernten Orten des Landes legt mir das Personal den Keks auf die Untertasse und glaubt, mir etwas

Gutes zu tun.

Auf dem Keks ist auch der Wunsch des Herstellers geschrieben, der wie ein eindringlicher Appell in diesem Zusammenhang klingt: „Genießen Sie den Keks auch zu Hause!"

Spitznamen

Spitznamen: Doctore, Professore, Capitano (abgewandelt Kapitalo), Otto (zahlt immer acht Mark), Michelino, Bella donna, Bella Signora, Seniorina, Gigo, Gigolino, Piccolino, Maestro, Scriptore, Pittore, Architetto, Nonno, Nonna, Österreicher (presto presto Espresso!), Gießkanne (überall uneheliche Kinder), Radschrauber, Mr. Braun (isst nur Eis, was nicht braun ist).

Überschwemmung

Auf der Frauentoilette ereignen sich unheimliche Dinge seit einiger Zeit. Gegen Abend kommt eine Kundin, die einen Kaffee ordert und dann auf der Toilette ein seltsames Ritual durchführt. Sie stellt sich mit beiden Beinen auf die Klobrille, bis sie zerbricht, steckt eine Rolle Toilettenpapier in den Siphon, zieht die Spülung und verursacht eine Überschwemmung. Dann trinkt sie seelenruhig im Gastraum ihren Kaffee, zahlt und geht nach draußen.

Der Kellner und auch wir haben dafür keine Erklärung. Für alles haben wir bisher Begründungen gefunden, seien sie auch noch so weit hergeholt. Aber hier hört sogar unser Denken auf.

Glastür

Die Glastür des Eiscafés ist ein Dreh- und Angelpunkt. Wegen ihr gibt es immer Streit. Zu oder auf? Frische Luft rein, Zigarettenqualm raus. Zu kalt, zu warm!

Im Sommer ist die selbstschließende Tür stets offen und nach innen mit einem Holzkeil fixiert. Die Scharniere der drei faltbaren Türen vor der Eistheke verkeilen stets. Die Schiene, auf der die Falttüren geführt werden, ist verstopft und verbogen. So kommt es morgens zu Problemen beim Öffnen des Eiscafés. Oft tut es einen Knacks, dann ist es geschafft.

Klebrige Finger von Kindern, die lustvoll Eis lecken, sind stets am Glas zu sehen. Ein dicker fettiger Fleck in der Mitte oberhalb bedeutet, dass ein Glatzkopf gegen die Tür gestoßen ist, für den sie unsichtbar war.

Zwischen den Scheiben der Falttür gibt es fingerbreite Lücken, durch die im Winter kalte Luft zieht. Manchmal hängt draußen ein Plakat eines Events im Eingangsbereich, das sofort entfernt wird. Links, neben dem Straßenverkauf, klebt auf der Wandverkleidung aus blassem Blech das Bildnis einer Eisverkäuferin in Menschengröße. Sie leckt freudig ein Eis. Der Aufkleber ist verwittert, die Farben sind ausgeblichen.

Hinter der Eingangstür gibt es eine Vertiefung, die mit einer Fußmatte gefüllt ist. Ihre Glieder aus Gummi sind so miteinander verknüpft, dass der Schmutz von den Schuhsohlen abfallen kann. Früher lag im Eiscafé ein abgeschabter weißer Boden aus Kunststoffplatten. Der neue Pächter hat Fliesen aus Stein gelegt, die sich im Türbereich anheben. Die Tür klemmt. Unterhalb gibt es ein kleines Schloss, das ins Glas eingebaut und mit Blech verstärkt ist. Ein Hohn für das Einbrecherhandwerk.

Der Spalt unter der Tür ist so breit, dass der Bote

nachts Tageszeitungen durchschieben kann. Gibt er ihnen einen richtigen Schub, dann rutschen sie auf dem glatten Boden zu seiner Freude bis ins Innere des Eiscafés.

Die quadratischen und braun melierten Türknäufe innen und außen sind für Kinder nicht erreichbar. Die Kleinen recken sich umsonst und sehnen sich danach, groß zu werden. Sie stecken unablässig ihre Fingerchen durch den Spalt zwischen den Glasteilen. Besorgte Gäste versuchen, sie vorm Verlust ihrer winzigen Gliedmaßen zu bewahren, falls die Tür sich öffnet. Aber nach einer Zeit schauen sie gelassen zu, wie das Drama ausgeht. Auch weil sich manche Eltern nicht kümmern.

Der Sturm Lothar 1999 war in der Lage, diese schwer zu bedienende Tür wie von Geisterhand zu öffnen.

Leipziger Straße

Die Leipziger Straße ist ein langer Wurm, aus dem sich das Leben des Stadtteils nährt. Sie ist das Zentrum Bockenheims.

Wie überall werden auch hier in Geschäften Nahrungsmittel, Dinge für den täglichen Bedarf und zur Verschönerung des Lebens gekauft. Bockenheimer pflegen freundschaftliche Verbindungen mit den Verkäufern und Verkäuferinnen. Auch mit Geschäftsreibenden. Sie suchen sie regelmäßig wie gute Bekannte auf.

Ob sie die Leipziger Straße hoch oder hinunter laufen, diskutieren sie täglich. Es gibt ein Hier und Da, zwischen dem sie pendeln.

Mögliche Begegnungen auf der Leipziger Straße schaffen das Klima für eine Überraschung. Was man nicht denken und erwarten konnte, tritt ein. Hier und da passiert eine Liebelei, die ansteckend auf alle wirkt. Eine

Bluse von Tchibo, die allen gefällt oder ein Reisetipp, der zur Nachahmung einlädt. Eine gemeinsame Radtour oder ein Kinobesuch werden im Eiscafé beim Cappuccino besprochen, schnell umgesetzt und schon entsteht ein geselliger Nachmittag.

Die Leipziger Straße ist die Würze der Bockenheimer. Gerne verändern sie sich nicht. Sie wehren sich gegen das neue kleinteilige Straßenpflaster. Es soll die Kopfsteine zwischen den versiegelten Straßenbahnschienen ersetzen. Von Rödelheim in die Innenstadt ging es hier einst. Anfangs mit Pferden vor dem Waggon.

Bockenheimer sind anfangs gegen den U-Bahn-Bau, Ladenbesitzer gegen eine Fußgängerzone. Sie wissen, dass das Neue nicht immer besser ist. Alte Fragen stellen sich: Wem gehört die Stadt? Es geht auch um Verdrängung.

Statt kleiner Haushaltswarenläden wie Kaufhaus-West, Holz getäfelter Drogerien, Jugendstil-Metzgereien und Eisenwarenläden entstehen moderne Ladenketten. Brillengeschäfte, Schuhläden und Drogerien vermehren sich schneller als die Bedürfnisse der Bewohner.

In muffigen Abbruchhäusern, die der Krieg als Aufgabe hinterlassen hat, entstehen legendäre Pizzabuden, dubiose Klubs und findige Autowerkstätten.

In ein Fabrikgebäude im Hinterhof zieht Kunst für ein paar Tage ein. Das Fernsehen ist vor Ort. Danach entsteht Größeres und Teureres. Die Kunst ist Mittel zum Zweck.

Manche Bockenheimer der siebziger, achtziger und neunziger Jahre sehen die Veränderungen skeptisch. Sanierungen öffnen das Tor zu Spekulationen und Erhöhung von Mieten. Liebenswerte Geschäfte im Stadtteil müssen ihre wichtigen Dienste für Bewohner aufgeben.

Bewohner haben bei den Sanierungen der 80er Jahre gemischte Gefühle. Alles soll neu werden. Die Moderne kommt zu ihnen. Nicht umgekehrt. Alles wird schön! Die Parole des Positiven Denkens erobert fast alle Lebensbereiche des Individuums.

Bockenheimer gründen Weinkontore, Cafés, Naturkostgeschäfte und alternative Buchläden. Sie entdecken ferne Länder, während die Welt zu Messen nach Frankfurt kommt.

Der Obsthändler vorm Kaffeeröster pfeift einer Dame hinterher. Der Macho ruft ihre Schönheit aus und bringt die Feministin in Rage. Männer tragen Muskelshirts. Kraft ist wieder gefragt. Als könne man damit die Welt aus den Angeln heben.

Fabrikarbeiter von VDO und Hartmann & Braun gehen hier einkaufen. Menschen, die an der Universität ihr Auskommen und ihre Berufung finden. Im angrenzenden Westend dürstete man einst nach Freiheit und Wohnraum, kämpfte gegen Häuserspekulation.

Gäste kommen und gehen täglich ins Eiscafé Cortina. Einige schauen sporadisch vorbei. Der Müßiggang, die Zeit füreinander, kommt schleichend abhanden. Die Moderne verknappt die Zeit fürs spontane Verweilen miteinander.

Im Kaufhof kreuzen sich die Rundgänge Einkaufender und Flanierender. Ein bis zwei Mal am Tag streifen sie im Kaufhof herum, um mit der Welt in Kontakt zu treten. Durch die Magie von Kugelschreibern, Nähgarn, Schrauben, Schallplatten, Socken und Hosengummis finden sie leichter ins Leben. Nicht immer kaufen sie etwas. Die Nähe der Waren reicht.

Der Erwerb von Waren verspricht die Steigerung des persönlichen Glücks und stellt Erneuerung in Aussicht. Ein Schock daher für Bockenheimer, dass der Kaufhof im Stadtteil trotz großer Beliebtheit schließt. Der Umsatz ist da, aber für den Konzern nicht groß genug. Auf der Strecke bleiben Bockenheimer und Bewohner anderer Stadtteile, die gerne zum Einkaufen anreisen. Die große Palette von anschaubaren Waren, fein geordnet in Regalen und Fächern, wird ihnen genommen. Der Treffpunkt ist nicht mehr da.

Nichts bleibt so, wie es ist. Auch das Üble ist im Wandel und dem Verfall ausgesetzt. Im Eiscafé Cortina ist der Sitzplatz vorm Cappuccino eine feste Burg. Es wird debattiert und drinnen das Draußen im Für und Wider betrachtet. Der Blick auf die Leipziger Straße durch die gläserne Eingangstür erhascht für Augenblicke eine Erkenntnis über die Welt: Alles ist auch Perspektive.

An Sommerabenden scheint die Sonne kräftig aus dem Westen gegen die Fahrtrichtung. Im oberen Teil der Straße pulsiert das gesellige Leben. Dort wohnen viele Menschen, die öffentlich sein wollen.

An einem Tag im Jahr schickt die Sonne ins Eiscafé ein paar Strahlen auf den ersten Platz hinter der Eingangstür. Außer mir kennt wahrscheinlich niemand diesen Zeitpunkt. Ich genieße den Moment, wenn die Sonne kurz mit mir spricht, bevor sie sich wieder für ein Jahr zurückzieht.

Bockenheimer brauchen kein Stonehenge. Sie haben Stuhl eins an Tisch eins im Eiscafé Cortina auf der Leipziger Straße. Der goldene Moment kommt zu einer gar unheiligen Zeit.

Die Betreiber von Eiscafés kamen einst aus dem Süden, dem Sehnsuchtsland der Deutschen: aus Italien. Sie brachten die lockere, leichte und gesellige Lebensart.

Das fröhliche „Ciao" floss dann auch den Deutschen von den Lippen. Kinder wurden von der Betreiberin des Eiscafés in den 70er Jahren vergöttert, auf den Arm gehoben, bekamen Waffeln oder Gratis-Kugeln Eis.

Es war eine großzügige Zeit.

Das italienische Eis bezirzt unsere Seelen. Zungen zeigen sich, lecken auf der Straße das kalte Süß aus Waffeln.

Alles ist Zucker. Der findige Eismacher mischt Früchte, Vanille und Schokolade in die kalte Creme. Im Milch-Eis wurden früher Berge von Eiern verarbeitet. Heute gibt es Pulver dafür.

Mailand-Toast

Im Eiscafé Cortina nennt man einen Gast Otto. Gewöhnlich trinkt er nach seiner Arbeit zwei Cappuccinos und isst einen Mailand-Toast. Bezahlt er, sagt er zum Kellner: „Otto". Heißt: Acht Mark. Dabei ist etwas Trinkgeld.

„Arrividerci, Otto", sagt dann der Kellner Udo.

Der Mailand-Toast im Eiscafé Cortina riecht stets verbrannt. Sein Gelingen drückt sich im Grad der Verkohlung aus. Zwei Scheiben Toast, Butter, Schinken und Käse verschmelzen zu einem Ganzen. Der Mailand-Toast ist das einzige essbare Salzige im Angebot des Eiscafés.

Er ist der rettende Notanker der plötzlich Hungrigen, unschlagbar erfolgreich, weil er konkurrenzlos ist. Wenn er nicht ausreichend verbrannt ist, beschweren sich die Stammkunden: „Kellner, der ist ja gar nicht schwarz!"

Die Fertigung dauert lange. Der Toaster tickt. Der Gast hat das Gefühl, neben einer Zeitbombe zu sitzen. Die höllenlaute Kaffeemühle aus dem Eiscafé hört man schon vom Kaufhof aus oder auf der Rolltreppe der U-Bahnstation mahlen. Auch rußige Geruchswolken des Toasts reichen bis dorthin.

Das Ticken des Toasters ist ein Lockruf für unentschlossene Gäste, die auf der Straße herumirren und noch nicht in den Tag finden.

Die Kunst der Herstellung des Mailand-Toasts besteht darin, Brot, Käse und Schinken zu einer idealen knusprigen Masse zu backen, die den lustvollen Verzehr möglich macht. Holt man ihn zu früh aus dem Toaster, ist der Schinken zu feucht und der Käse zu fest. Er muss lange Fäden ziehen, wie Gummi riechen und schmecken, dann ist er gelungen.

Da der Vorgang des Toastens dauert, versäumt der Kellner oft den Toast aus der Maschine zu holen. Oder der Gast hat vergessen, dass er ihn bestellt hat. Manchmal haben beide nicht an ihn gedacht.

Der Mailand-Toast ist ein Übergang. Wie der Mensch an sich. Von fest über flüssig zu gasförmig. Philosophischer kann man nicht essen.

Treppe

Ein Mann stürmt ins Eiscafé, bestellt forsch einen Espresso über die Theke hinweg, obgleich der Kellner mit krummem Rücken die Spülmaschine ausräumt und mit Schrecken eine Wasserlache unter ihr entdeckt.

Er sucht einen Tisch hinten gleich links auf, legt seine Brille ab und eilt in Richtung Toilette.

Er hat den Weg fast unbeschadet überstanden, den Vorhang zu den Toiletten und dem Labor beiseitegeschoben, da entdeckt er ein kleines weißes Schild über dem Eingang.

Der getriebene Mann stoppt seinen Lauf, sieht ohne seine Brille mit Mühe und Not die Warnung: Vorsicht Stufe!

Er hebt ein Bein, um die Stufe zu nehmen, aber er tritt mittenrein ins Nichts, denn es geht eine Stufe hinunter. Er purzelt kopfüber und sitzt auf dem Hintern wie ein Baby, es fehlt nur die Rassel in seiner Hand.

Der schelmische Kellner hat im Auftrag der Behörde das Schild für die Sicherheit seiner Kunden angebracht. Er eilt herbei, um den beim Gang zur Toilette gescheiterten Gast geradezubiegen und zu ermahnen, dass sein Espresso kalt wird.

Das Scheißen ist dem Mann wohl vergangen. Er trinkt seine Tasse hastig aus, packt seine Brille, setzt sie auf die blutige Nase und verschwindet.

„Seine Eile hat sich nicht gelohnt", meint der Kellner Udo zu seinen Stammgästen in der ersten Reihe. Für diese Einlage brauchte der Verunfallte nicht zu zahlen.

Ein schräges Bild

Neben dem Eingang gibt es eine winzige Kammer. Sie hat ein Fenster nach draußen, das aber stets von einem Rollladen geschlossen ist. Es könnte ein gutes Schaufenster sein, ein Platz mit Blick nach draußen und nach drinnen.

Der Raum bleibt ein Geheimnis. Ab und zu fegt der Wind durch, verlässt ihn eine Maus.

Die Kammer ist für die Eiscafé-Besucher der Ort, in dem nichts passiert, ein ereignisloser Raum. Der Gast stellt allerlei Vermutungen über sie an. Das Unwissen über das Innere beflügelt seine Phantasie. Zahlreiche Spekulationen über den geheimen Raum kursieren.

Neben dem Zugang zur Toilette und zum Labor hängt ein Gemälde. Das Bild ist aus vier Teilen zusammengesetzt, zwei Meter mal 1,6 Meter groß und ein Zeichen italienischer Lebensfreude und des Mutes. Der Betreiber hat es gemalt.

Der Genuss von gutem Obst, Eisbechern, Martinis,

Wein und Cappuccinos ist auf Leinwand gebannt. Der Gast bekommt Sehnsucht nach dem Süden und schreitet zur Tat, sich einiges davon einzuverleiben.

Man sieht eine klassische Zwei-Liter-Flasche italienischen Wein im Korbmantel, eine angedeutete Flasche Amaretto mit einer Keramiktasse daneben, eine Karaffe Wasser, dahinter eine nach vorn aufgeschnittene Melone, im Vordergrund eine halbe Orange, eine Kirsche, eine Banane, eine Birne, eine Ananas, eine Mango, zwei Kiwis, ebenfalls aufgeschnitten, links außen ein paar verlorene Erdbeeren, einen grünen Apfel, ganz links eine mit Eis und Früchten gefüllte Schale mit einem kleinen Sonnenschirm aus Papier.

Stammgäste honorieren die künstlerische Leistung des Wirtes mit ihrem Kommen. Sie würdigen seine Mühe und verstehen seine Absicht. Mit der Zeit arrangieren sie sich mit den perspektivischen Ungereimtheiten, die dieses Bild offenbart.

Gäste fragen sich, warum die Melone wie ein Stück Rindfleisch aussieht. Die Jahre haben sie sich beim Cappuccino das Bild beiläufig angesehen, aber nun genau hingeschaut und entdeckt, dass dort eine Handgranate zwischen einer Mango und einem Apfel abgebildet ist, die eine Ananas sein soll. Schon immer fragen sie sich, warum auf einem Sinnbild für ein Eiscafé eine Wurst abgebildet ist. Endlich kommen sie zum Schluss, dass es eine aufgeschnittene Orange ist. Der Eisbecher ist viel zu hoch und zu groß auf dem Bild. Die Eiskugeln darin wirken mickrig. Dennoch erscheint das Kunstwerk richtig am Platz. Es beruhigt die Gäste beim Eintritt in das Eiscafé Cortina und wirft täglich neue Fragen auf. Beim Blick auf das Bild treten sie in eine Welt der Unschärfe, Größenverschiebung und des Dilettantismus ein. All dem fühlen sie sich insgeheim verwandt.

Anmerkung: Das Eiscafé Cortina wurde Ende des ersten Jahrzehnts im 21. Jahrhundert geschlossen und durch einen Friseursalon ersetzt.
Namen von Personen im Buch sind frei erfunden.
Ähnlichkeiten sind rein zufällig.
Die Geschichten sind Literatur.

Bücher von Michael Liebusch

Mein Freund Georg, Norderstedt 2023 (Erzählung)
Meine Interzone, Norderstedt 2020 (Erzählungen)
Jede Menge Zeit, Norderstedt 2017 (Erzählungen)
Ütopie, Norderstedt 2013 (Erzählungen)
Die Hauptstadt von Island, Norderstedt 2011
(Erzählungen)
Der fabelhafte Hub,
Norderstedt 2009 (Erzählungen)
Bewegungsversuche, Christian Bedor und
Michael Liebusch, Norderstedt 2008 (Erzählungen)

Michael Liebusch

Schriftsteller und Maler, lebt in Frankfurt am Main. Er ist 1963 in Kelkheim/Taunus geboren.

www.kunstraum-liebusch.de

Men Rabe

1946 geboren in Höchst/Odenwald
künstlerische Ausbildung bei Hanns Joachim Gestering
Ausstellungen in Deutschland und Spanien
u. a. seit 1990 im Kunstraum Liebusch
künstlerische Zusammenarbeit mit Michael Liebusch:
Konzeption von Ausstellungen, Büchern (Ütopie 2013)
Künstlerbücher in Kleinauflage
Einbandbild: „Eismann", Men Rabe 1994

Die Idee von „Eiscafé Cortina - immer prima" entstand etwa zur gleichen Zeit wie das Buch „Von Querköpfen und Taugenichtsen" von Brigitte Bee. Die Autorin hat in den 80er Jahren Gespräche mit Zeitgenossen notiert und sie zu Literatur gemacht. Vierzig Jahre später entsteht daraus ein Buch, das ein wertvolles Zeugnis damaliger Zeit ist. Es ist ein Sammelsurium von eigenwilligen Charakteren, wie man sie heutzutage kaum noch an einem Ort findet. Die meisten Gespräche fanden in einem bekannten Frankfurter City-Café und seiner Umgebung statt. Hierbei sei erwähnt, dass es sogar mit den im Buch agierenden Besuchern des Eiscafé Cortina Überschneidungen gibt.

Michael Liebusch

„Von Querköpfen und Taugenichtsen"
von Brigitte Bee

Geschichten aus dem Frankfurt der 80er Jahre
Frankfurt am Main, 2. Auflage 2020 (Taschenbuch)

BoD: ISBN 978-3-752-62756-5 10,- Euro

Die Alltagshelden und Antihelden dieser Geschichten verblüf-
fen durch eine unverblümte Offenheit, radikale Mitmensch-
lichkeit, phantasievollen Widerstandsgeist und gekonnten Um-
gang mit dem Scheitern. Sie überraschen mit kuriosen und sehr
speziellen Überlebensstrategien. „Diese Wüteriche können
auch träumen und utopische Weltmodelle entwerfen."

Michael Liebusch

„Meine Interzone"
von Michael Liebusch

BoD: ISBN 978-3-752-66918-3 (Norderstedt 2020)

(E-Book) ISBN 978-3-752-60105-3   2,99 Euro
64 Seiten mit 4 Abbildungen. 9 Euro (Taschenbuch)

„Ich bin der Zwischenraum zwischen dem, was ich bin, und dem, was ich nicht bin", schreibt Fernando Pessoa. - In diesen Transitzonen, Räumen des Übergangs, bewegt sich auch der Ich-Erzähler in Michael Liebuschs drei kleinen autobiografisch gefärbten Geschichten. Im scheinbar Alltäglichen kommt das Besondere zum Vorschein. Prägende Stationen auf dem Weg zum Erwachsenwerden werden treffend und humorvoll erzählt. Fast beiläufig kommt das Ungeheuerliche daher.

Raimund Gerz

„Der fabelhafte Hub"
von Michael Liebusch

mit Zeichnungen von Edith Kaiser, 89 Episoden, 56 Bilder,
152 Seiten. ISBN 978-3-8391-2116-0, Books on Demand,
Norderstedt 2009, 22,00 Euro [D] (Taschenbuch)
E-Book: ISBN 978-3-8423-9531-2 für 16,99 Euro

Einst, an einem ihm entfernten Ort, glücklich und alleingelassen, dachte Michael Liebusch über Hub nach, den es noch nicht gab. Über ein Wesen, das zur Welt dazugehören will. „Ja", sagt dann Hub zu Michael Liebusch, der fragend in seine Kaffeetasse schaut, „ich stamme von einer einsamen Insel, bin nach der Geburt von einer Ziege genährt worden und habe nie andere Menschen gesehen. So habe ich gelernt, mir meine eigenen Geschichten zu erzählen."

Michael Liebusch

„Die Hauptstadt von Island"

17 Geschichten, Einbandbild Roland Greifelt, BoD 2011, ISBN 978-3-8448-0773-8, Paperback, 84 Seiten, 8 Euro, Auch als E-Book.
Was haben Vulkanausbrüche mit der Finanzkrise zu tun? Vieles und nichts. Michael Liebuschs moderne Helden finden in einer Zeit brüchiger Lebenserhaltungssysteme ungewöhnliche Lösungen. Mit Witz, Übertreibung und einem Schuss Boshaftigkeit handeln sie im unvernünftigen Raum. 17 Geschichten von Einsamkeit, Not, Leere, Ignoranz und Ziellosigkeit heutiger Menschen. Aber auch von stets aufkeimendem Lebensmut, Momenten der Hoffnung und heilsamer Erinnerung. Brigitte Bee

„Mein Freund Georg"
Taschenbuch, 56 Seiten, BoD, 2023

Der junge Schreiber dieser Zeilen nähert sich Georg staunend und respektvoll an. Er ist neugierig auf einen bekannten Schriftsteller, der die widersprüchliche Existenz als Künstler lebt. Georg schreibt Chroniken und Romane über historische Personen, die sich der Staatsmacht entgegenstellen und für die Freiheit des Individuums kämpfen. Ihre Qualen durch staatliche Verfolgung bis hin zur Folter schildert er in Büchern. Der junge Schreiber beobachtet hier eine grausame Analogie. Durch die Folgen einer Nierenkrankheit wird Georgs Körper im wahrsten Sinne des Wortes zerstückelt, seine Freiheit bis auf ein Minimum beschnitten: Er muss sich der metaphysischen Macht der Krankheit beugen.
Die Leser von „Eiscafé Cortina - immer prima" finden mit diesem Buch auch eine passende Ergänzung zum Kaffeehaus-Thema.

„Ütopie"

mit Bildern von Men Rabe, Layout von Nicolai Schuy, 2013
Hardcover: 156 Seiten mit 35 Farbbildern, BoD, 25,90 Euro, ISBN
978-3-7322-8590-7

Willibald Sechzig, im nebulösen Amt für Arbeit und Energie beschäf-
tigt, durchleuchtet das Leben seiner „Kunden" und bewertet es mit
Bürgerpunkten. Seit der verflossenen Liebe zu Kulana scheint seine
Zeit stehengeblieben. Die „Dinge" um ihn verlieren an Wirkung und
erscheinen wie ausgelaugt. Beim Mittagessen im Lokal weicht seine
Gabel auf, die Spaghetti wachsen über den Kopf. Sechzig kippt um.
Die Folge eines lange gefühlten Kräfteschwunds. Die Sechzig/Welt-
Konstruktion gerät aus den Fugen. „Dinge" greifen in sein mühsam
eingerichtetes Privatidyll ein.   Brigitte Bee

„Jede Menge Zeit"

BoD: ISBN 978-3-744-83496-4, 19 Euro (Hardcover)
(E-Book) ISBN 978-3-744-80620-6, 7.99 Euro 60 Seiten, Einband
künstlerische Gestaltung Nicolai Schuy, 2017

Der Autor zieht die Lesenden wieder in seine typische Liebusch-Welt
hinein. Seine Helden des Alltags leben in einer deutschen Großstadt,
anfangs des 21. Jahrhunderts. Sie fühlen sich nicht recht wohl in ihrer
Haut, leiden an ihrer komplizierten Lebenssituation, gesellschaftlichen
Anforderungen, an Beziehungen, Einsamkeit oder gescheiterten Kar-
rieren. Es gelingt ihnen jedoch, das Unerträgliche mit phantastischen,
zuweilen skurrilen Mitteln, allein oder gemeinsam, mit neu hinzuge-
wonnenen Gefährten zu unterwandern.

Brigitte Bee